参政党ドリル

編著：神谷宗幣

青林堂

目次

第3章　よい日本を作るための政策に関するQ＆A

序章

参政党事務局長の神谷宗幣《かみやそうへい》です。

序章では、なぜ私が参政党の設立を呼びかけて、皆で参議院議員選挙に挑戦したのか、その理由を説明します。

世界を回り、日本の教育の問題に気付く

私は20歳の時に世界18カ国を回りました。そこで同世代の海外の若者たちから「君は日本人として、日本をどうしていきたいのか」と問われて、答えられなかったことをきっかけに、日本の教育や政治について考えるようになりました。

帰国後、周囲の友人に対して「若い世代がもっと日本の未来や政治を考えるべきだ」と話すと「あいつは海外で変な宗教に入った」と言われるようになり、日本の問題の深さを痛感しました。

「海外の若者とは当たり前に話せる話題を、どうして日本人相手だと話せないのか？」「何が日本人の問題なのか？」と考えたところ教育に問題があると思い至り、それを何とかする

には政治家になるべきではないかと考えました。23歳の時でした。

大学卒業後は、司法試験を受けて弁護士になり、そこから国会議員になろうと考えて勉強していました。しかし、25歳の時に実家の父の会社が倒産。その処理をしている最中に当時の交際相手から婚約を破棄されてしまい、すっかりメンタルを病んだ経験があります。正直その時は、「政治や社会なんてどうなってもいい、自分の生活が一番」くらいに思っていました。

こうした経験もあるので、私は誰しもが政治や社会の未来を考えることはできないと思っています。まず、自分の足場を固めて自立した生活を作るのが土台で、それが叶った人が社会や他人のことを考えられると思いますし、そのための教育を大切にしたいのです。

メンタルを病んだときは本当に辛かったです。家から出るのも嫌でした。しかし、親戚や友人に助けてもらい、何とか心と目標を取り戻して、大学院に3年間通い、２００7年に29歳で大阪府吹田市の市議会議員になりました。政治活動を始めてからも辛い出来事は多くありますが、25歳の時のどん底を思えば、全て軽傷だと思える自分が心の中にいます。

「教育改革」を掲げて本気で取り組んだ政治活動

29歳から35歳まで無所属で吹田市の市議会議員を務めていました。私の基本政策は一貫して教育です。自分自身の反省から「日本の若者が我が事として日本の将来を考えられるようになってほしい」と想い、本気で活動しました。

私の想いは、吹田市だけでは完結できず、２００９年には当時大阪府の知事だった橋下徹氏を代表に、私が事務局長という形で「大阪の教育維新を市町村から始める会（略称：大阪教育維新の会）」を設立しました。

1年間ほど活動しましたが、橋下氏の想いが教育には向けられていないとわかったので、その後、彼らが名前を引き継いで作った「大阪維新の会」には参画せずに自分と仲間たちで全国を回り、志ある政治家を集めて、２０１０年に「龍馬プロジェクト全国会」を設立しました。

「龍馬」の名前を借りたのは、坂本龍馬らが作った国家ビジョン「船中八策」のようなものを世に訴えるという目的があったからです。今では「武器商人」としての坂本龍馬がフォーカスされて、よくネーミングについてクレームが来ますが、当時は、そのようなイメージはほとんどなかったのです。

龍馬プロジェクトの活動のおかげで、私は一地方議員でありながら、北は北海道から南は沖縄まで、数多くの政治家の仲間ができました。そこで大阪維新の会の問題点を指摘していたことや全国の仲間の推薦があったのを機に、私は2012年に、いきなり自民党の支部長となり衆議院議員選挙に出馬しました。自民党の「日本を取り戻す」というメッセージに共感し、私もその一助になればと思い、自民党に入りました。しかし、大阪における維新の会の人気は凄まじく、選挙は惨敗に終わりました。

それでも次の選挙に向けて頑張っていこうかと思っていたのですが、実際に自民党に入ってみて、いろいろと日本の政治の形を知る結果になります。当時の関係者もまだ多く自民党に在籍されているので、詳細は敢えて書きませんが、自民党（大阪）においては、国会議員にはなれたとしても私の目指す教育の改革はできないと、よくわかりました。1年間ほど我慢していましたが、帯状疱疹まで発症したので、「自分の魂に正直に生きよう」と思い、別の選挙に出るのを口実に自民党は辞めさせてもらいました。

議員を辞めた後は、自分で会社を作り資金を調達して、その当時、まだ配信者が少なかったＹｏｕＴｕｂｅで独自配信を始めました。「チャンネルグランドストラテジー（略：ＣＧＳ）」という番組です。学校では教えてくれない「日本の歴史や先人の想い」やテレビが報道できない「日本の課題」を皆で学び、日本の「大戦略」や「船中八策」を考えようという趣旨で、今でもコツコツと配信しています。

自分の子供を通わせたいと思える学校づくり

情報配信を行なうと同時に日本のモデルとなる学校を作ろうと国内や海外を回り、いろいろな学校を視察して、教育カリキュラムなどを学びました。その過程で、大阪の森友学園による学校設立にも協力して欲しいと依頼されて関わった経緯がありますが、内情を知って問題提起すると、すぐに追い出されてしまったということもありました。

この時期に学んだのは、他人の計画に乗るのではなく、自分で理念を立てて、理解者や仲間を集めて活動しないと、本当に納得できる学びの場は作れないという現実でした。

こうして、情報発信をしながら講演などでお金を頂き、世界を回って教育について考えて、日本国内を回って学校を作る候補地を探す活動を5年ほど続けてきました。発信活動をすると同じ想いを持つ仲間が増えます。繰り返しになりますが、私の発信テーマは学校では教えてくれない「日本の歴史や先人の想い」、テレビが報道できない「日本の課題」ですから、そこにアンテナが立った人が集まってくれます。そんな方々の想いを聞いてみると、「神谷さんの発信で、いろいろな事実に気が付くことができたけれど、それを周りに話すと変な宗教にでも入ったのかと言われる」といった意見がありました。

そうした方々が疎外感を感じないように、仲間がいると伝えるために、2015年ごろから大人のための塾を始めて、6年間ほど運営しました。YouTube配信などに協力してくださった講師の先生方に一堂に会してもらい、歴史・経済・教育・食・医療・国防・メディア・スピリチュアル・政治といったテーマを繋げて学んで、世の中の仕組みを理解して、それをどう変えていけばいいかを視聴者に考えていただき、同時に全国に仲間を作ってもらうというコミュニティを作りました。

しかし、このコミュニティを実施する中で、たびたび言われたのは、「神谷さんは、どうして政治も日本の課題もある程度理解しているのに、発信するだけで実際に行動しないのか」ということでした。これは厳しい指摘でした。言い返せない自分がいました。

非難や批評を行なうのは簡単で誰にでもできます。しかし、実際に改善案を考えて行動するのはとても難しい。論評だけでお金を頂くのは批評家であり、教育家でも政治家でもない。そう考えた私は、先に地方に学校を作ると決めました。

それは「日本のリーダーを育成する学校」です。リーダーとは、自分で課題を見つけて、自分で考えて、行動して、その解決を導ける人です。そのために必要なのは、健全な「身体と脳」です。それを育むには、思いきり遊べる自然環境、身体と脳を作る健康な食、子供を妙な枠にはめない教養のある大人、リーダーのモデルが必要だと考えて、それらが揃う場所で、かつ行政の協力を得られる場所を全国に探しました。

そして見つけたのが、現在、私が住んでいる石川県加賀市です。結果から言うと、2020年に加賀市への移住が叶ったのですが、それまでに何度も失敗して、学校を作ると決めてから4年の歳月が過ぎていました。

それでも、今では3歳児からの認可外保育園、小中学生のフリースクール、高校生の通信学校が実施されており、百数十名の移住者が加賀市に集まって、それぞれが自立して学校を運営していただいています。

私は海外に行く中で、我々が受けてきた日本の学校教育には問題があると気付きました。今の教育下では、自分で考えず、与えられたことや言われたことだけを行ない、リスクを取らず自己利益や保身を図る人間ばかりが育ちます。結果、世のため人のために将来を構想するリーダーが生まれず、日本の国力は衰退の一途をたどりました。

そのため、私は政治の世界に入って教育を変えたいと思いました。そして紆余曲折を経て一時は一番条件が良い自民党から国会議員になろうとしたわけです。しかし、そのやり方では日本の教育は変えられないというのが理解できたので、情報発信を行ないながら仲間と資金を集めて、自分が必要だと思う学校、自分の子供を通わせたい学校を、仲間を集めて運営してもらっています。

政党設立に至るまでの私の率直な想い

正直に言います。私は政治や政治活動が好きではありません。参議院議員になった今でもそうです。

政治は社会の利害の調整ですから、全員を満足させるのは不可能です。何かを判断すれば、必ず誰かから叩かれます。また、議員は公人ですから、プライバシーも守られませんし、ちょっとした発言も切り取られてネットでの誹謗《ひぼう》中傷を受けます。

先に述べた教育活動についても、本来はこちらを先に行なっていたにもかかわらず、私が議員になった途端「教育に政治が介入するのは、けしからん」と非難されています。

現代の日本人にとって政治は特別なもので、普通の人は関わってはいけないもののように扱われています。これではまともな人は政治に関わろうとしませんし、日本の将来を考えてもらいたい若者たちが政治に目を向けるというのはないでしょう。「良い政治家がいない」と嘆く方をよく目にしますが、「自分たちでそうしておいて、よく言うな」というのが私の考えです。

私も29歳で市議会議員になって6年活動して、こうした現実を知って、「もう関わるのはやめよう」「自分のことだけやっておこう」と思いました。しかし、このままでは日本という国がダメになるとわかっていて、自分のことだけを行なっていて良いのか？　政治は嫌だからと逃げ続けて良いのか？　子供たちに「日本や社会のために働くリーダーになってくれ」と胸を張って言えるのか？　と、自問自答を繰り返しました。その結果、もう一度だけやってみようと決心したのです。

２０１８年から、周囲の方々に「政党を作りたいと思うんだけれど、協力してもらえないか？」と相談し、賛同者を募りましたが、十中八九断られました。「政治には関わりたくない」「自民党との関係を悪くしたくない」「表に出ると叩かれるから嫌だ」といった理由でした。中には「国会議員になりたいなら自民党に戻ればいい。間を取り持つよ」という方も何人かおられました。そもそもの趣旨が伝わらないのが私は本当に悲しかったです。なぜ新しい政党を作りたいのか。それは日本人の意識を変えて一緒に行動して、子供や孫の世代に少しでも良い日本を残したいからです。

・歴史・文化・哲学、そして国際情勢を踏まえた現状の課題を学び（学び）
・解決策をみんなで考えて共有し（思考）
・実際に活動していく（行動）

こういった内容を行なおうとする政党は、今の日本には参政党以外にはありません。学ぶだけのところはありますが、実際に行動していません。

政党は議員になりたい人が集まってPR合戦を行なうだけで、社会の本質的な課題を知っているのかすら定かではなく、党員は何らかの見返りを求めて選挙の応援をするだけです。

今の日本の政党には右記のプロセスを経て国民が政治に参加できる仕組みがない。本気で日本を変えたいと考えるなら政党や政治の仕組みから変えないといけない。私はそう考えています。

参政党は学びのプラットフォーム

２０１０年に結成した龍馬プロジェクトでは、日本の課題を次の３点にまとめました。

1. 日本社会の制度疲労と経済の衰退
2. 独立自尊の精神の喪失と当事者意識の欠如
3. 近代史の未総括と利己主義の蔓延

このような本質的な課題をマスメディアは報じません。いや、報じることができません。彼らが毎日垂れ流すのは、こうした課題から発生する現象だけです。「ドブネズミが暴れている」と報道するだけで、なぜドブネズミが大量発生するかには光を当てないのです。

参政党がやるべきは、皆さんと一緒に学び、こうした日本の本質的な課題を国民に共有してもらうことです。そうすると、発想が「ドブネズミを駆除しよう」から「ドブをきれいにしよう」と変わるはずなのです。そうなれば、今度は「どうすればドブはきれいになるか」

を皆で話し合うのです。そして意見がまとまれば、それを実行してくれる人を仲間から選び、皆でお金を出して、政治活動を行ない、自分が選んだ仲間に実際に行動してもらう。

参政党が行なおうとしている仕事は至ってシンプルです。しかし、それを誰も行なわなかった。国民をお客様にして、マスコミと結託して「ドブネズミショー」で魅了し、サーカスを行なってきた結果が、日本の政治の現状です。

参政党は皆様の学びのプラットフォームです。政治を「人任せ」から「自分事」に変えて、次のアクションを起こす仲間を集めています。

参政党はどんな活動をしているのか？

参政党の活動を説明します。

党員になると毎日動画やメルマガが配信されて、様々な情報が手に入ります。月に一度はオンライン講義が開催されて、不定期ながら政治スクールや選挙スクールなども行なっています。党員には、地域ごとに支部を作ってもらい、支部ごとでも勉強会や交流会を開催してもらっています。さらに支部では、党員の意見をまとめて党の運営の会議に上げる、政府に対する質問の原案を提案する、候補者を推薦して地方議員選挙を戦う、といった活動も行っています。

また、党の政策についても党員に政策作りの研修を受けてもらい、研修を受けた党員の皆さんに政策の原案をまとめてもらうということもやっています。選挙では候補者が決まると、活動費も集めてもらい、選挙も自分たちで実行して議員を誕生させます。このプロセスで進めるので、議員は党員と意見をすり合わせなければ党での活動ができず、次の選挙にも出馬できません。私たちはこうした仕組みを回していくのが、政治を「人任せ」から「自分事」に変えるということだと考えています。

「こんなことは面倒くさいから、やらない」とあなたが言うと、あなたのお子さんもやらないでしょう。そうなると、お子さんたちには政治が今よりもさらに遠くなり税金を取られるだけで、その使い道は一切わかりません。となると、今後さらに増えてくるであろう外国の方々に政治を任せる形になりかねません。

国民の素朴な疑問を国政に届ける

繰り返しになりますが、私は２０１０年に「地方から日本を変えよう」として龍馬プロジェクト全国会を立ち上げて志を持った数百人の地方議員のネットワークを作りました。地方からでも政治が変えられるのではないかと思って、こうした活動を始めたわけですが、12年続けても、ほとんど何も変えられませんでした。理由は多々あるのですが、一番は予算の決定権を国（政府）が持っているからだと思います。日本のほとんどの自治体が国からその大半の予算（地方交付税交付金）をもらっています。そのため、政府に逆らうと予算をもらえなくなり、住民サービスが止まり、職員の給与も払えないのです。政治の要諦は、予算と人事です。

日本の地方自治体は、予算の部分を完全に国に依存しているので、逆らうことができません。２０２０年からのコロナ対策の一連の流れを見て、皆さんも気付かれたのではないでしょうか。では、どうすれば良いのか。国会に人を送り、地方自治体との関係を改善して、政府の政策推進の根拠を徹底的に追及すれば良いのです。国民の素朴な疑問を政府にぶつけていくのです。

政府が不合理なことや国民のメリットにならないことを行なうときには、必ず背後に外圧や利権、しがらみがあります。そこをつつくのは虎の尾を踏む形になります。それを行なう政治家は、「お金・女性問題・失言・親族のトラブル」などで失脚させられるか、実際に存在を抹消されます。政治とはそういうものなのです。しかし、それを恐れるあまり、問題の核心を突いて国民に真実を伝えなければ、まともな民主主義など成立しません。これは、本来はマスコミの仕事でしたが、今やマスコミ自体が抑えつけられていて機能していないのです。

また、現職の中にも志のある政治家はおられます。しかし、所属する党の中では少数派で、彼らがそれを行なおうとすると党にいられなくなり、議員を続けられなくなるのです。ですから、参政党のような抑えつけがきかない新しい党が外側から議員を送り込んで、既存勢力からの懐柔を受けずに、命がけで本質的な問題を追及するしか改善策はないと思っています。ここに世論がついてくれれば、志を持った既存の政治家の方々が動きやすくなります。

私は、政府の政策でおかしいと思ったものは叩きます。しかし、政治家の個人攻撃などは行なわないのは、彼らの中にある良心に期待して、さらに日本が窮地に陥った際に協力して、事を進めるためです。民主主義の政治には数の力が必要です。数を得るために、志や理念を曲げてしまうのは本末転倒ですが、自分の正当性を示すために他人を攻撃して、むやみに敵を作るのは上策ではありません。

訴えるべきは日本の現状とその歴史的な背景、そして政府の政策の誤りです。

私たちが実現したい政策

参政党には「理念」と「綱領」、そして、それを落とし込んだ「政策」があります。

理念にある「大調和」とは、人類が一つの家族のように助け合って生きてゆく社会の形をイメージしています。とはいえ、みんな仲良く一つになろうという意味ではありません。日本は日本としての自主独立を確保して、どこの国とも対等に勢力均衡を保ちながら、共存していくという考えです。

また綱領に「天皇」について書いている理由は、天皇という「権威」を社会の中心に置いて、時の「権力者」の暴走を食い止めて国民を守ってきた日本の国柄を維持していきたいという考えがあるからです。

世界の歴史を見ればわかるように、「権威」と「権力」が一つになると皇帝のような絶対的権力者が現れて、国民はその持ち物として「奴隷」などにされてしまうわけです。日本の皇室はなぜ脈々と続いてきたか、その知識を党員の方々には共有していただいています。

そうした前提を押さえた上で、我々は「自立して世界のモデルとなる国、日本」を再構築してゆきたいと考えています。細かい政策は巻末にまとめてありますが、軸となる重点政策は【教育・人づくり／食と健康／国まもり】の3つになります。

教育 ～自ら課題を考え、行動できるリーダーを育成する～

教育は、国の根幹です。現状の教育モデルは明治時代に作られて、敗戦後の占領期に改悪されたものです。占領の目的は、敗戦国の日本が二度と戦勝国に逆らわないようにすることなので、日本で教育を真面目に受けると、社会や国家の未来を考えられなくなるように設計されていると思います。ここ30年の日本の凋落《ちょうらく》の原因の一つは考えて行動するリーダーの不在、つまり教育の失敗だという事実を皆さんに共有していただきたい。

私は全国で講演を行なっていますが、今の学校教育に満足している国民は皆無です。多くの人が改善して欲しいと思っています。中には教育のために海外に移住する人もいるのが現実です。であるならば、教育をもっと自由化して、それぞれの地域で、海外で行なわれているような教育や江戸時代の寺子屋のような教育を実施するようにしてはどうかと訴えています。

今でもフリースクールなどは作れますが、それらの学費は全て自己負担です。そこに税金を投入してもらえるようにすれば、もっと学校運営は容易になり、全国に新しい成功モデルが生まれてくるでしょう。

具体的な政策の例を挙げれば、0歳から15歳までの子供一人当たりに毎月10万円分・有効期限1年間の教育・子育てクーポン、もしくは電子ポイントなどを提供して、食事や衣服、習い事、不登校の子供たちの学費などに使っていただいてはどうかと考えています。教育や子育てには必ずお金がかかりますし、有効期限があるので貯蓄にも回りません。令和5年の時点で０歳から12歳までの子供の数は約１２００万人で一人当たり年間１２０万円になりますから、年間予算は約14兆円です。教育費の無償化や子育て支援で、個別に予算をばら撒くのをやめれば不可能な予算額ではないですし、何といっても一人月10万円給付の効果はわかりやすく、少子化の歯止めになる可能性もあります。こうした給付を使って、子供や保護者が教育の場を選ぶのが可能という形を作れないかと考えています。

参政党が目指すのは、教育の選択肢を増やして、国家観や哲学を持ち、自分で考え、自ら学び、勇気をもって行動するのが可能で、経済的にも自立できる人材を一人でも多く育成することです。

食と健康　～本当の健康は食でつくられる～

食と健康に関しては、大きな利権との戦いになります。日本人が使う食品添加物、農薬・化学肥料、医薬品の総量はどれだけで、その総額はいくらになっているでしょうか？　そして、これらを買ったお金はどこに行くのでしょうか？

日本人は世界でもトップクラスに大量の化学物質を摂取している国民です。誤解がないように言っておきますが、我々は化学物質の全てを否定するつもりはないのです。ただ、その量や金額が青天井で、国の財政まで圧迫しているのは公然の事実ですから、せめて諸外国並みに規制を設けて使用量を減らそうと訴えています。

例として挙げられるのは、コロナワクチンです。政府は接種を始めるときに法律で、接種は個人の選択であって、強要してはいけないと決めていたのに、一方ではメディアやネットのインフルエンサーを使って全員接種の流れに誘導しようとしていました。我々は、コロナワクチンは治験中のものであるから、そのリスクを伝えて、大人の接種は任意、子供たちには接種させないようにするという意見を強く訴えましたが、「反ワク、陰謀論者」と非難されました。しかし、月日が経過して検証してみると、ワクチン接種を積極的に行なった国も行なわなかった国も感染率に対するデータはさほど変わらず、むしろ、早期に接種を停止した国の方が収束は早かったということが判明しています。また、過去数十年のワクチンによる後遺症被害よりも、ここ数年のコロナワクチンによる後遺症被害の方が多くなっています。本来はこの事実を政府は検証して、政策の誤りを国民に謝罪するべきですが、今のところ一切そうした動きはなく、税金を投入して、さらにリスクがあると言われるレプリコンワクチンの開発と接種を世界で唯一進めようとしています。

こんな理不尽な状態であるにもかかわらず、国民のお金や健康が奪われている現状を放っておいていいのでしょうか?

感染症が怖いのであれば、我々は食事や生活のリズムを整えて、先祖から受け継いできた我々の体が持つ免疫の機能を高めることこそが最良の対策です。化学薬品に頼るのではなく、日本の国土で生産できる食品をしっかり管理して、国民に提供するのに予算をかける方が、より科学的で合理的な政策だと考えています。そうした想いを持って、参政党は農業や漁業に従事される方々の支援に予算をかけて、第一次産業の復興と国土保全に力を入れたいと訴えています。

国まもり　~自らの国は自ら守る~

最後に語るのは国のまもりです。敢えて「国防」と書かなかったのは、「国防」と書くと、すぐに軍事や自衛隊、憲法9条の問題に矮小化されるからです。

参政党の「国まもり」とは、「日本のことは日本人が決める」「主権を日本人が握る」を目指す行為です。現代の戦いは、核爆弾など兵器を使った殺し合いではなく、経済戦と情報戦です。そもそも戦いの目的は相手を支配してコントロールすることですから、武力戦争は行なわない方が都合がよいのです。戦争を起こしたいのは軍需産業の関係者で、予算を握る方は、より安価でコストのかからない方法で相手をコントロールしたいと考えています。

例えば、A国がライバルB国の影響下のC国周辺で行なう戦略は、C国の国民をメディアやインターネットを使った情報操作で親A国にした上でA国の息のかかった政治家をクーデターなどで国家のリーダーに就任させてしまうのです。リーダーさえ挿《す》げ替えれば、あとは自由化の錦の御旗を掲げて、どんどん規制を緩和して、A国の資本をC国に投入して、経済的にC国の国民を支配すれば簡単です。また、そのような状態にするためにマスメディアを使ったり、C国の政治家を買収して使ったりもします。他には大量に移民を送り込み、選挙権を握らせた上で、自前の政治家を送り込むというやり方もあります。

読者の皆さんは、今は情報戦や経済戦が主流だと認識してください。上述のような戦略を

「浸透工作」と総称します。参政党は、こうした外国勢力の浸透工作が進まないような法整備や啓発活動を行なってゆきます。

日本の新しい国づくりを目指して

前述した政策を正面から掲げている政党は、他にはないと思います。敗戦後の占領体制の遺物、巨大な利権やしがらみ、外国の浸透工作、このような問題と正面から向き合い、対立や戦争ではなく国家主権の維持と勢力均衡を土台にした「大調和」の精神で挑もうというのが、参政党の政策の根幹に流れる思想です。

今、私たちが暮らす社会は歴史的ともいえる変革期を迎えています。世界の変化はますます加速して、人々の意識もこれまでになく大きく変わりつつあるのは皆さんも感じておられると思います。この中にあって、参政党はここまで話してきたような理念に基づき、これから訪れる大変化の時代に多くの国民が希望ある人生を描くことができるような、日本の新しい国づくりを目指しています。

「誰かが解決してくれる」という時代はもう終わりました。「自分たちでやるしか道はない」。

今の日本に対して〝何かおかしい〟と思う方は、その疑問をそのままにしないでもらいたいのです。本書を読んで参政党の理念や取り組みに賛同いただけた方には、日本を良くするために、一緒に行動していただきたいと願っています。

第1章

参政党に関するQ＆A

Q1 ゼロから国政政党を作るなんて無謀なことのように感じます。なぜ、「参政党」を作ろうと思ったのですか？

A 投票したい政党がなかったからです。

私は20歳で海外に留学して、自分を含む日本の若者が「日本の将来のビジョン」を描けていない現実を体感しました。その理由は日本の教育に問題があると考えて、29歳で吹田市の市議会議員になり、1年ほど橋下徹氏らと活動して、２０１２年には自民党から衆議院議員の選挙にも出馬しましたが、日本の政治家で本気で子供の教育を考えている人がほとんどいないと知りました。

自分が議員になるためだけの活動や既存のしがらみの中で政治を行なっていくのが嫌で、その活動の先に自分の目指す政治はないと考えて、一度は政治の世界から抜けようと思いました。しかし、ＹｏｕＴｕｂｅなどで情報を配信していく中で出会った皆さんが口を揃えて「投票したい政党がない」と言われて、自分も子供を授かることになったので、無謀でもゼロから政党を作る姿を子供に見せていくのが私の残せる一番の財産ではないか、教育ではないか、と感じたので、２０１８年から準備して、20年4月11日に「参政党」を結党しました。

正直言うと、参議院議員選挙前は、当時所属していた党員数千人で１００万票を獲得して国政政党を作るのは私も無理だと思っていました。しかし、体当たりで想いを訴えたら支持してくださる国民がいると信じて、捨て身で訴えたところ、１７６万の方々の支持を得て国政政党が誕生しました。

Q2 「参政党」とは、どういう意味でつけた党名ですか？

A 皆さんに「参加」してもらえる「政治」を作る「チーム」という意味です。

憲法で参政権が認められているから政治に参加できるかといえばそうではありません。政治に参加するには、政治的な課題を考えるための「情報」が必要です。しかし、日本は大東亜戦争に敗れてからは、国際情勢を分析する情報も自国で十分に収集できていませんし、学校教育でもマスコミでも政治に関わる重要な情報は何も教わることができません。18歳で選挙権は与えられますが、18歳時に政治の実情を十分に理解している学生は皆無といっても過言ではないですし、学校の先生や保護者も、政治の内容、例えば日本の国政政党の歴史や理念、これまでの実績などを知っている人は、ほとんどいないのではないでしょうか。

さらに、個人でしっかり調べて政治の知識を身につけたとしても、実際に選挙で投票しようと思った時に自分の声を反映してくれそうな政党がないという例が多いのです。私が実際にそうでした。

そう考えると、日本の国民は、①**しっかりした情報がない**　②**受け皿がない**という二重の意味で、政治に参加することができないと言えるのです。そこで参政党は①**政治的な情報を党内で学べるプラットフォームとしての機能**　②**党員が政党の政策などを自分たちで提案していける仕組み**を持たせることで、国民が政治に参加できるようにしようと考えました。それが「参政党」という党名をつけたわけです。

Q3 参政党が理念に掲げる「大調和」と「国益」の意味を教えてください。

A 大調和とは、日本の建国の理念。国益とは、主権を守り世界に貢献することです。

「大調和」とは、神武天皇が日本建国の時に提唱された理念から持ってきた言葉で、「人類が一つの家族のように助け合って生きていく社会」の形をイメージしています。とはいえ、世界中の全員が仲良く一つになろうという意味ではありません。日本は日本としての自主独立を確保して、どの国とも対等に勢力均衡を保ちながら共存していくという考えです。「大調和」の「調」を取れば、「大和」となり、まさに日本の国を表す言葉になるのです。

また、「国益」とは文字通り「日本の国の利益」という意味です。一番の国益は国家の独立と主権の維持です。そして、その国家の下で国民が安心して健康に暮らせる社会を子や孫の世代に残せるようにしたいのです。そういった理念の元、参政党は過度なグローバリズムの流れに警鐘を鳴らしています。グローバリズムが進行し過ぎると各国の国家主権を侵す可能性があるからです。この流れに抗うために、世界各国の同じような考えを持った政党や政治団体と連携する必要性を強く感じています。

Q4 参政党の綱領の一つに「先人の叡智を活かし、天皇を中心に一つにまとまる平和な国をつくる。」という言葉があります。天皇陛下について、どうお考えですか？

A 古来、天皇陛下は日本の「権威」として存在してこられました。私たち日本人は天皇陛下の大御宝《おおみたから》とされており、天皇陛下は日本人全員の親のような存在だと捉えています。

この綱領を切り取って、参政党が「天皇中心・天皇主権」の国を作ろうとしていると非難する人がいますが、しっかり内容を読んでいただきたいです。天皇を中心に国民がまとまって国を作るので、当然「国民主権」が前提です。

また、天皇陛下を政治の綱領に据えるというのが政教分離の原則に反するという意見もありますが、日本国憲法第1条にも「天皇は、日本国の象徴であり日本国民統合の象徴」と記されており、綱領ではこれを再確認しているようなもので、全く問題はありません。

戦後の日本人は、GHQの工作で天皇陛下や皇室の存在意義を理解できなくされてしまいました。古来、天皇陛下は日本の「権威」であり、征夷《せいい》大将軍などの「権力」とは分けられていました。天皇陛下は全ての日本人の親のような存在であり、日本人は「大御宝」、天皇陛下の大切な子供という関係です。親（天皇陛下）が子供たち（日本人）を見守り、子供たちは親に報いるために努力する。これが、日本人が大切にし続けた「君民一体」の日本の統治の姿なのです。

歴代の天皇陛下は、「国民を大切にせよ、皆が話し合って決めよ」と仰っています。これは、現代の民主主義政治と同様の理念であり、それゆえ、日本には外国の皇帝のような絶対的権力者が誕生せず、他国のように奴隷制度や大規模な弾圧、大量虐殺が発生しなかったのです。

さらに、天皇陛下や皇族（旧皇族も含む）の方々は、日本の歴史や文化に精通され、膨大な情報を有しており、それを代々継承しながら、これからの日本の行く末を考えておられます。脈々と続く日本人の記憶とデータのバックアップが天皇陛下と皇族であり、それが失われてしまうと日本が日本でなくなってしまうのです。戦前の人々は、そうした事実に理解があったので、終戦時には天皇陛下と皇室の存続を絶対条件として譲らなかったのです。

権威と権力を分離して国民を守ると共に、日本の歴史と霊統を受け継ぎ、国民の安寧を日々の祭事で祈っておられる存在が天皇陛下だと考えています。

Q5 どこからかお金や人を集めてこないと政党など作れないと思います。ネットでは参政党に宗教団体などのバックがついているという記載がありますが、支援団体はついているのですか？

A 参政党には一切のバックや支援団体がありません。ネットのネガティブ情報は全て嘘です。

私は2010年にもゼロから国政政党を作ろうと計画しました。その時は、いろいろな企業や団体を回って資金を集めようとしました。しかし、全員が揃って仰ったのは「資金を出した見返りは何か」ということです。当然ながら、見返りがないのにまとまったお金を出す人などほとんどいません。ですから、見返りを前提とした資金で立ち上げると「紐つき」の政党になり、立ち上げからしがらみや利権を背負う形になります。

そうした経験を持っていたので、私は選挙の年から逆算して2年前に政党を立ち上げて、1年半は資金集めや組織作りと党員の教育に充てて、投票日の半年前に選挙のための活動をしようと考えました。まず、資金は党員の党費とオンラインを使ったセミナーなどで集めました。参政党の党費は毎月1000円か4000円で他の政党の何倍もかかります。その代わりに毎日10分程度の動画やメルマガで政治などの勉強ができる仕組みをつくりました。サブスクリプションの有料メルマガの仕組みを政党に取り入れたのです。さらにオンラインセミナーに対する需要があるということは、自身の会社経営の実践でわかっていたので、そこで資金を作るビジョンが描けていました。

もう一つは大規模な政治資金パーティーです。ホテルを使った講演会兼食事会といった従来型のものではなく、アリーナのような場所に数千人を集めて、音楽やエンタメを導入しながら6~7時間かけて学び、楽しんでもらえるようなイベントを開催して、まとまった資金を調達しました。

問題はチーム作りです。参政党はインターネットで党員を集めて作った政党なので、党員同士の繋がりがありませんから、些細なことで争いが起きるのは目に見えていました。それで結党からしばらくは毎月のように合宿などを行ない、党員同士の人間関係を形成しつつ、選挙の方法や公職選挙法などを学んでもらいました。

参議院議員選挙が終わってからは、衆議院の小選挙区ごとに支部を作り、イベントやミーティング運営、候補者選びや地方議員選挙、政策や政府への質問主意書の取りまとめなどを行なってもらい、それぞれの支部に党員が集まり、学んで実践できるプラットフォームを作っています。

また、参政党にはバックがないので、外部の攻撃には政党自身で対峙せねばなりません。組織が成長すると大きな妨害工作を仕掛けられるとわかっていたので、2022年の参議院議員選挙時から、その事実を党員の皆さんに通告していましたが、それがその後現実に起きています。党内で防衛体制を組んでいくというのも参政党の大きな課題です。

Q6 参政党のロゴの鳥は何ですか？

A 参政党のロゴの鳥は「鳳凰」です。

「鳳凰《ほうおう》」は伝説の鳥で、良いリーダーが現れて理想的な政治を行なって、平和で豊かな時代が実現した時に飛来すると言われています。

我々は平和で豊かな時代を作りたいと願って鳳凰をロゴにしました。同じ想いを持つゆえと思いますが、皇居の宮殿の庭にも鳳凰が置かれていますし、戦国武将の伊達政宗《だてまさむね》も仙台城の本丸の大広間に鳳凰を描いて、家臣らに国づくりのビジョンを示していました。

また、鳳凰は「調和と女性性」のシンボルでもあると言われており、「世界の大調和」や「女性の活躍」を掲げている参政党に合うと思ったので、ロゴとして使わせていただいています。

現在のロゴは2代目です。初代のロゴはデザインが細かすぎて、プリントした際につぶれてしまうことがあったので、より簡潔なデザインに変更したという経緯があります。

Q7 参政党のイメージカラーのオレンジには何か意味があるのですか?

A 太陽のエネルギーと先祖への想いを表しています。

日本の最高神は「天照大神《あまてらすおおみかみ》」で太陽の神とも言われます。古来日本人は「お天道様《てんとうさま》が見ているよ」と言って、自分たちの襟を正してきた民族でもあります。そして太陽は全ての生物にエネルギーを与えてくれる、かけがえのない存在です。そうした太陽のエネルギーを受けて日本全体を元気にできるようにという想いで、この色を選びました。

また、私たちは参政党のカラーを「オレンジ」ではなく「橙《だいだい》」と呼んでいます。これは先祖代々と音が同じになることで、先祖が代々守ってきた日本を大切にしようという想いも込めています。

Q8 参政党にはどんな人が集まっているのですか。街頭活動やポスティングなどの政治活動も、皆さんお金ももらわず、全てボランティアでやっているというのは本当ですか？

A 日本の政治に危機感をもって、子供や孫の世代のために自分にできることをやろうという方が集まっています。党員に活動ノルマなどはなく、全員が手弁当で自主的に活動してくださっています。

参政党のキャッチコピーの一つは「投票したい政党がないから、自分たちでゼロからつくる。」です。政治には関心がある、その大切さもわかっている。しかし、既存の政党では政策提言にも議員を選ぶプロセスにも全く参加できないし、応援し続けても日本は全然良くならない。そんな想いを持った30～50代の方々を中心に参政党に期待をかけて集まってくださっています。

もちろん、党には10代の方もいれば80代の方もいらっしゃいますが、主力は30～50代の子育て世代です。それは候補者の平均年齢が、いつも40代になる結果にも表れています。参政党は「教育」を大切にしているので、子供たちの未来を我がこと以上に重要に考えている方が数多くおられます。

党員が活動していると周囲から「本当はお金で動いているんでしょう?」と聞かれることもあると仄聞《そくぶん》していますが、参政党には、そのような資金はありません。むしろ党員の皆さんには、党費や講演会の参加費を払っていただいているのです。そうしたお金を集めて、国政選挙の候補の選挙資金や日々の情報発信、各支部の活動費を賄っています。ちなみに本部職員の給与は政党交付金の範囲で賄えるように支出をギリギリまで抑えています。

Q9 参政党が「DIY＝みんなでつくる」と言っているのは、どういう意味なのですか。なんでも党員が決められるという意味ですか？

A 「自分たち一人一人が日本だ」という意識を持ってチームを作り、勉強して情報を共有し、議員を議会に送り出して法律や条例なども自分たちで変えていこうという意味です。政党の運営の細部や人事といったことまで、党員で多数決を行なって決めるという意味ではありません。

「DIY＝Do It Yourself」のキャッチコピーは、1945年にイギリスのロンドンで生まれました。当時のロンドンはナチス・ドイツの空襲で街が焼け野原になっていましたが、戦後は人手もお金もなく、街の復興ができなかったそうです。そのような時にロンドン市民が立ち上がり、組織を作って自分たちでお金を出して街の復興運動を始めました。その時に生まれた合言葉が「Do It Yourself」です。参政党には組織的な応援は一切なく、ゼロから人もお金も集めて日本の再興に取り組もうと考えているので、この言葉を使わせてもらっています。

具体的に党員の皆様が党内でどんな活動をしているかを紹介します。

①地域組織を作り、意見を集約してルールを作る

参政党は全国289の衆議院の小選挙区ごとに支部を作っています（令和6年6月現在は275支部）。それぞれの支部に支部長がおり、定期的なミーティング、辻立ちや街頭演説を行ってもらっています。党員は支部に参加して、支部の会議において合意を取り付けると、党の運営などについても要望ができるという仕組みになっています。

②仲間から議員を議会に送り出し、意見を届ける

地方議員の選挙が行なわれると、候補者を支部から推薦できます。本部審査と党員の信任投票をクリアすれば、その方に公認が出ます。公認が出たら支部で選挙計画を立てて、自分たちで選挙を行ないます。当選後は、議員になった方と相談して、自分たちの想いや地域の要望を地方議会に届けてもらいます。参政党は、業界団体や労働組合からの支援がないので、党の理念に沿うもので支部の合意した意見であれば、制約なく議会に声を届けることが可能です。

③政府の政策に疑問や意見をぶつける

現在の参政党は国政政党となり国会議員が所属しているので、政府に対して質問主意書というものが提出可能です。国会開会中であれば、政府の政策に対して、どのようなテーマでも書面で質問して、閣議決定された回答を受け取ることができます。参政党は、この質問のテーマも支部から募集しており、支部で同意が得られたテーマであれば、党員の質問を政府にぶつけることが可能となります。また、支部で出たテーマを抜粋して、国会議員による委員会質問なども作られています。

④みんなで学び、情報や世界観を共有する

参政党は、党員向けに毎日音声メルマガや動画（赤坂ニュースなど）を配信しています。そして、そこに登壇いただく講師の方々を地元に呼んで、講演会やタウンミーティングを開催することができます。自分たちで講師を選んで好きなテーマを学び、党員同士の情報レベルや世界観をすり合わせる仕組みを作っています。

⑤政策や憲法草案も党員で考える

参政党では、党員有志でチームを作り研修会などを重ねて、政策案をまとめました。今は議員も増えてきたので、今後は党員の意見と議員団の意見をすり合わせながら、政策をアップデートしてゆきます。さらに、党では今の日本の課題を捉えて、それを解決するには、どういった社会システムを作るのが良いのかを話し合い、意見をまとめて憲法草案を作っています。この活動を党内では「創憲活動」と呼んでおり、党員一人一人に国の在り方を考えてもらっています。

Q10 議員になる人に参政党が求める資質と、当選後に期待する役割はどのようなものですか？

A

①参政党の理念や政策を理解していること
②票やお金に流されない思想・哲学と経済基盤を持っていること
③国民に伝えられる情報を持っていること

の3点を主要な資質として求めています。当選後には、有権者に国や地域の実情や今の社会情勢の背景にある歴史をしっかりと伝えて、国民が政治に参加できるための情報発信を一番に行なってもらいたいと思います。

私は20代から政治に関わって生きてきましたが、悲しいかな、世の中には「議員になりたいだけの人」が、かなりいます。選挙前だけ良いことを話して、選挙が終わると、いろいろと言い訳を作り去っていく人を本当に数多く見てきました。組織が大きくなると、なかなか難しいかもしれませんが、参政党から議員になる人には、なるべくそのような残念な人を選ばないようにしたいと思っています。

当然ですが、公認議員であれば最低限、参政党の理念や政策は理解して自分の言葉で語れるようにしておいて欲しいですし、世の中の風評や損得で動かない政治信念や思想、哲学を持っていただきたいと思います。

古今東西、良い為政者は思想・哲学を身につけています。それは歴史上の偉人を見ればわかりますが、今の日本では思想や哲学を学ぶ機会はほとんどないので、それは議員になってからでも学んでもらいたいと思います。さらに、議員の収入以外の経済基盤を持たない人は職業議員になってしまい、市町村や日本を良くするよりも選挙に当選して議員報酬を維持するのに重きを置き始めます。議員には副業も認められているので、特に地方議員の方は副業を行なう、資産運用するなどして議員報酬以外の収入を確保してもらいたいです。

当選した後は、市民・国民の皆さんに政治に参加することの大切さを伝えてもらいたいと考えています。そのためには、地域の実情、日本の課題、国際情勢、歴史、法的な知識など、皆さんが関心を持つ専門知識を持ち、それと我々の生活を繋げて、国民一人一人が政治に参加することの大切さや意義を語ってもらいたいと考えています。

さらにもう一つ付け加えるならば、参政党は「組織政党」なので、組織の一員として自覚を持った行動をしていただき、一緒に組織作りを行なってもらいたいと願っています。

第2章

メディアの真実と偏向情報に惑わされないためのQ＆A

Q11 新聞やテレビなど、現在のマスメディアが発信する情報は信じて良いのですか？

A そのまま信じてはいけません。マスメディアはスポンサーなどの意向でいくらでも情報を差し替えます。数多い情報の一つとして受け取りましょう。

そもそも「メディア」という言葉は、「文字を読む力」という意味でした。支配層しか文字を読み書きすることができなかった時代、彼らは文字を巧みに扱って大衆を思うがままに操ったのです。

そして、近代になりラジオやテレビが発明されてから、音声や映像を使用して人々に情報を与えるシステムが完成しました。ラジオやテレビによって文字を読めない人にも大量の情報を送ることができるようになりました。

以前の私は、マスメディアとは政府や大企業の動向をチェックする機関であり、人々の代弁者という認識でした。ところが、「広報の父」として知られる広報活動とプロパガンダの専門家であるエドワード・バーネイズの本を読んだ際に、メディアの作り手側に人々を情報でコントロールするべきという意思が存在し、そのために意図的なプロパガンダ情報を流しているという事実を知って、認識が180度変わりました。つまり古代からマスメディアの本質は、大衆を操作するものであり、それは現代も変わっていないのです。

事件の報道などを見ても、ほとんどのメディアが同じ見出しや論調で報じているのに皆さんは違和感を持ちませんか？　偶然そうなったという言い訳は通じません。事前に申し合わせがあったと考えられます。また、地方在住者が読まれている地方紙には、国際ニュースや国政ニュースを独自に取材するマンパワーはありませんから、通信社の記事を買って、言い方は悪いですが「コピペ」を配信しています。そのため、大本である通信社を押さえておけば地方紙の情報は統制できます。地方紙の記事で信頼できるのは地元のイベント情報やお悔やみ欄の情報です。それ以外の記事は、独自に取材や精査されたものが少ないことを我々は知っておくべきです。

他にもメディアのスポンサーについても、テレビの刑事ドラマのスポンサーが自動車会社であった場合、主人公の刑事が常用する車がスポンサーの自動車会社製、犯人が逃走のために使う車がライバル社製といった例も多々あります。つまりブランドイメージを高めたり落としたりするために意図的に情報操作を行なっているということです。また、食品メーカーがスポンサーの番組の場合、出演者が食と健康被害などについて話すとスポンサーからクレームが来て、従わないと番組を降板させられる例もあります。そう考えると、製薬会社が多くの番組のスポンサーになっているメディア媒体で、ワクチンを否定するような発言は一切できない状態になるのは容易に想像がつきます。

あくまで一例を挙げただけですが、こうした背景も知らずにテレビや新聞から情報を得ていると、知らず知らずのうちに洗脳されてコントロールされる可能性があります。

世の中の関心事を知るために、新聞やテレビを閲覧するのは否定しませんが、全ての情報は何らかのバイアスを受けて「造られたもの」という認識はしておいた方が良いでしょう。

Q12 日本人はマスメディアの情報を全面的に信用する傾向があります。偏向的な情報に惑わされないためにはどうすればよいのですか？

A 基本的にメディア発の情報は全て疑うことです。日本のメディアの場合、情報が偏向していると思わせないための手口が存在します。

マスメディア発の情報を鵜呑みにせずに自分なりに読み解く能力を「メディアリテラシー」と言います。２０１９年度に行なわれた「世界価値観調査」によると、70％近くが新聞やテレビの情報を信頼しているなど、日本人のメディアに対する信用度の高さは世界でも突出しています。

数年前、私はデンマークを訪れて現地の中学校で使われる社会科の教科書を見せてもらったのですが、序章のタイトルが「メディアリテラシー」でした。読んでみると、マスメディアは都合によって偏向的な情報を流布する、そのような認識でメディアに向き合わないと、生徒たちが社会に出た際に思想を容易にコントロールされてしまうといった内容が書かれていました。義務教育の段階でメディアの欺瞞《ぎまん》を伝えているのです。

台湾は世界で最もマスメディアを信じない国の一つですが、それは現地のメディアが独立系と中国共産党系に二分されているために、互いの論調が全く異なるからです。互いを見比べれば、どちらがフェイク情報を流しているか（あるいは、両方が流しているか）容易に判断可能です。

一方、日本の場合、保守系とされるメディアも革新系とされるメディアも、談合してほぼ同一の情報を流しています。国民が多様な情報を受け取り、自分で判断することを阻害されているのが日本の状況だというのを理解してください。

２０１９年からの新型コロナウイルスに関する情報や２０２２年から始まったウクライナ戦争に対して、メディアは連日、一方的な情報を流し続けています。だからこそ、多くの人々が何の疑いもなくマスク着用やワクチン接種を行ない、ロシアだけが一方的に悪いと決めつけているのです。その行動は、ワクチンによる後遺症被害やウクライナ戦争の背景と戦況が明らかになっても、なかなか改善されません。「ショックドクトリン」という言葉がありますが、ショッキングな情報や映像と共に最初に刷り込まれた情報は、なかなか更新できないという現実があります。

参政党に関しても、メディアによる印象操作がひどいと思う事例が多々あります。例えば、２０２３年の統一地方選挙で参政党は国政政党になって2年目の党であるにもかかわらず１００名の地方議員を当選させるという快挙を成し遂げましたが、メディアでそれを好意的に報道するところは皆無でした。しかし、年末に10名ほどの議員が離党した際には、離党した議員による一方的な参政党批判を報じるメディアが数社ありました。メディア側の人々は公正中立に事実を報道するというのではなく、自分たちの信じる方向のニュースを作っているということを政治の現場で感じています。

多くの日本人は北朝鮮に関する報道などを見て、北朝鮮の国民は洗脳されていると感じていると思いますが、私の目には、日本でも同様、あるいは、さらに悪質な形で情報コントロールが行なわれているように映っています。

Q13 日本人がマスメディアの情報を警戒心なく受け入れることによって生じる弊害とは、どのようなものですか？

A 国民の中に間違った世論が形成されて、異論を許さない全体主義的な環境が生まれて、事実に基づかない感情論で政策が進められて、皆が不利益を被る結果になります。

戦争が行なわれている最中、敵対勢力に対して偽の情報を流して攪乱《かくらん》したり、周辺に敵国の不利な情報を拡散して孤立させるというのは、数千年の昔から行なわれている戦術です。

メディア側は、自分たちを司法・立法・行政と並ぶ「第4の権力」と称していますが、技術の発達によって情報が瞬時に伝達されるようになった現在は、情報をコントロールする者こそが第1の権力と化しています。そして日本では、特に戦後生まれのメディアリテラシーの教育を受けていない日本人の大多数がマスメディアの強い影響下に置かれているのが現実です。

現在でも日本で絶大な影響力を持つ某大手広告代理店は、もともと日本軍の戦果を国民に向けて報道するための政府系機関でした。戦前、日本の新聞社は「鬼畜米英」「進め一億火の玉だ」などと、国民を煽《あお》り立てて世論をアメリカとの開戦に誘導した事実があります。しかし戦後は一転、アメリカの軍門に下り、過去の自分たちの報道はなかったことにして、日本軍の行動は全て侵略だったと非難するようになりました。

１９９０年には、イラクのクウェート侵攻を１００％悪と印象づけるため、クウェート駐米大使の娘を使い議会で嘘の証言を行なわせたり、イラクの攻撃とは関係のない「油まみれの水鳥」の写真を世界中に拡散しました。地球温暖化が深刻化しているという内容を訴えるためには、流氷の上に乗って流される白熊の写真を作成してプロパガンダを行なっています。広告と報道の境目が無くなっているのが現代です。

こうした情報操作で世論を作られてしまうと、「日本軍にも正義はあった」と唱える人には「右翼」というレッテルが張られて、「アメリカにも非がある」「地球温暖化については検証が必要」と唱える人には「陰謀論者」というレッテルが張られます。その根底にあるのは事実や科学的検証を無視した「みんなが正しいと言うことに異論を唱える人間はけしからん」という感情です。

偉そうに書いていますが、私も政治家になる前は、完全にメディアの誘導に乗せられていました。しかし、政治家になって政治の現場で事実を見聞きしていると、メディア報道のいい加減さや印象操作に気が付きました。それからは、自分で歴史学者や専門家の見解を調べるようになり、メディアの論調とは違う発言を行なうようになると、本当に「右翼」「陰謀論者」と呼ばれるようになったのです。メディア側の人々は、そうして異論を唱える者にレッテルを張り、その信用性を落として自分たちの影響力を保持しようとします。今、参政党の周囲で起きているいい加減な情報の流布は、まさにそうした構図の中で行なわれています。

誰がどのような意図で情報を流しているのかを分析することなく、垂れ流される情報を鵜呑みにして生きていると、誰かの思惑に乗せられて、資産や健康、時には命まで失う結果になります。自分たちを守るためにもメディアリテラシーを高めることが必要です。

Q14 マスメディアを牛耳るといわれる「国際金融資本家」とは、どのような人々ですか？

A 国家の枠組みや国境を越えてビジネスを行なっている人々（商人）のことです。莫大な金融資本を握っているので、お金の力によって世界各国の政治、メディア、企業に対して強い影響力を持っています。国際会議などを主催して、「グローバルアジェンダ（事業戦略）」などを設定して、選挙支援やロビイングなどを通じて、自分たちが、よりビジネスを行ないやすい環境を構築します。「グローバルエリート」と呼ばれることもあります。

歴史の章で詳しく述べますが、彼らは15世紀ごろからアジアやアフリカに進出してビジネスを始めました。最初は香辛料や奴隷、その後はアヘンなどの薬物、近代に入ってからは武器の売買などで財を築きました。やがて彼らは、生産したモノを売る形ではなく、金融ビジネスの仕組みを作り、株式や金融商品の売買で資本力を高めて、世界各国の企業やその株式を買収して多国籍企業を作りました。そして彼らは、情報の大切さを知っているので、近年はメディアの株式を買い集めて経営権を奪い、広告を出すスポンサーの立場でメディアをコントロールするようになりました。

こうした背景があるので、世界の主要なマスメディアの論調は、彼らが作ったグローバルアジェンダを礼賛するものがほとんどです。こうしたアジェンダを決めているのが、我々の投票で選ばれた政治家ではないことからも、その事実がよくわかると思います。時おり、こうしたアジェンダに反対する政治家が出てくると、「極右」「陰謀論者」とメディアからレッテルを張られるのも、国際金融資本家がメディアを牛耳っている背景があるからです。

Q15 SNSによる言論の統制は本当にあるのですか？ SNSを使うときの注意点があれば教えてください。

A **ＳＮＳのプラットフォームも民間会社ですから、マスメディアと同じくスポンサーの声や行政の指導に左右されます。一定のバイアスはかかると考えるべきでしょう。また、無料で使えるＳＮＳは我々の個人情報を抜いて、ビッグデータとして蓄積していきます。そのリスクを理解した上で活用しましょう。**

そもそもインターネットというシステム自体が、行政が関わった軍需技術から生まれています。そこから派生したＳＮＳも行政や軍事と無関係とは考えない方がいいでしょう。２０００年代以降に普及したＳＮＳは誰でも発信できる自由な言論の場として世界に広がりました。

「アラブの春」に象徴されるように、ＳＮＳの言論によって独裁政権や軍事政権が転覆するという政治的な動きも起こりました。これらはアメリカを中心とした西側諸国や国際金融資本家にとって都合の悪い政権に向けられた軍事オペレーションであったという説もあります。

そしてＳＮＳの発祥地であるアメリカでは２０１６年に大統領選挙が行なわれて、マスメディアのネガティブキャンペーンに打ち勝ってドナルド・トランプ大統領が誕生しました。その時、彼がうまく活用したのがＳＮＳでした。これ以降、ＳＮＳに対する規制を検討する声が高まりました。

２０１９年10月18日、ニューヨークで「世界的なパンデミックを警告する」会議、「イベント２０１」が開かれ、その中で「フェイクニュース」の拡散に繋がるＳＮＳは規制すべきとの意見が出ていました。その後、２０２０年に新型コロナウイルスの世界的な蔓延によりワクチンの接種が始まると、mRNAワクチン接種により生じるリスクを訴える投稿は、世界各国で「フェイクニュース」として削除されました。また同じ年に行なわれたアメリカ大統領選挙においては、現職のトランプ大統領の発信自体がフェイクだと認定されて、彼のＳＮＳアカウントが閉鎖されるという事態が起こりました。

その後、そのＳＮＳの経営権が譲渡されて会社の内部文書が公開されると、なんと政府の諜報関係職員がＳＮＳの運営会社に入って情報のコントロールを行なっていたことが明らかになったのです。ワクチンの危険性やトランプ候補の発信は誰にとって都合が悪かったのでしょうか？

そうした背景を考えると、ＳＮＳが公正中立なプラットフォームではないとわかりますし、それが我々に無償でサービスを提供しているというのは、何らかの目的があるからだと考えるべきでしょう。一番の目的は我々の発信や個人情報をビッグデータとして蓄積して、マーケティングや監視に活用するということです。よく中国のＳＮＳがやり玉にあげられて、アメリカなどでは使用が禁止されていますが、ＳＮＳを運用しているのは中国だけではありません。アメリカ、中国、ロシア、韓国など、多くの国が国産のＳＮＳを運用していますす。日本人はそれを使い、お金を払っているだけです。本来は日本独自のＳＮＳを開発して国民の情報を守るべきですが、我が国の政府や企業は実行していません。

我々は外国のプラットフォームに検閲を受けながら、個人情報をさらして発信しているという認識を持ってＳＮＳを活用すべきだと思います。

第3章

よい日本を作るための政策に関するQ&A

Q16 参政党は、日本国憲法を改正するべきというスタンスなのですか？

A 参政党は日本国憲法の一部を改正する「改憲」ではなく、憲法全体を一から創り直す「創憲」を主張しています。

今の日本国憲法は、日本人の自由な意思によって作られたものではありません。昭和21年（１９４６年）11月３日、日本国憲法が公布された際、日本は大東亜戦争に敗れて降伏して、アメリカなど連合国軍の占領下にあり、主権が大きく制限されていました（施行は翌年５月３日、その後、昭和27年４月28日に主権回復）。

日本国憲法の草案は、当時の日本を占領していた連合国軍最高司令官総司令部（ＧＨＱ）が作成したもので、日本側が自由に修正することが許されませんでした。

占領中にメディアと教育の仕組みが変えられて、大規模な検閲や言論統制が行なわれて、連合国に対する批判が一切禁止されました。20万人以上の公職追放や、戦前に出版された書籍の回収・廃棄（焚書）なども行なわれました。当時の日本国民には、外国人が憲法草案を作ったということは全く知らされていませんでした。

日本国憲法の内容も、戦勝国であるアメリカの思想や歴史認識に基づいており、軍隊など一切の戦力の保持が否定されて、自国の安全は外国に依存せざるを得ないものになっています。現に、主権回復にもかかわらず日米安全保障条約が締結されて、アメリカ軍が現在に至るまで80年近く日本に駐留しています。

こうした問題を解決するには、一部の改正ではなく、日本人が、自分たちの意思で憲法を一から創り直すよりほかありません。

一から憲法を創り直すというと、非現実的だと考える人もいるでしょう。

しかし、日本には、憲法を自分たちで一から作った歴史があります。聖徳太子の十七条憲法（６０４年）や、明治時代の大日本帝国憲法（１８８９年）が、その例です。また、国民が憲法案を作った例として、明治14年（１８８１年）に現在の東京都あきる野市五日市で生まれた「五日市憲法草案」があります。当時は民間の憲法草案が40か所以上の地域で作られました。国民が自分たちで憲法を作るのは可能なのです。

今の日本国憲法のままでは、日本はアメリカから自立できず、いつまでも依存しながら国を運営していく形になります。参政党は日米同盟をアメリカに依存・従属した関係ではなく、日本の国益に基づいた対等な関係として再構築すべきだと考えています。

憲法を一から創り直すための国民的な議論を行ない、日本人の意思に基づく憲法を皆で作る必要があります。参政党では、全国の党員が憲法案を話し合いながら作っていく「創憲」の活動を各地で行なっています。

Q17 憲法に緊急事態条項を加えることについて参政党はどう考えていますか？

A 現行の憲法を改正して緊急事態条項を加えることには反対です。

与党の憲法改正案に含まれる「緊急事態条項」は、大規模な自然災害や感染症の蔓延（パンデミック）が生じた場合、「緊急事態」と認定されると、政府が法律と同じ効力をもつ政令を制定することが可能となり、また、国会の承認のもと、選挙を実施せずに国会議員の任期延長を可能にするものです。

つまり、緊急事態条項が成立すれば、パンデミック期間は、国会を開かず、選挙も行なわずに、政府の判断で新たな法律を作り、国民に義務を課すのが可能となってしまいます。民主主義の場が失われて、国民の権利や自由が奪われることにつながりかねません。

そうなると、２０２２年の新型コロナ禍の中で行なわれた参議院議員選挙の際のように、選挙の機会にワクチンの懸念について情報発信する、新たな候補者を選ぶといった活動が不可能となります。

ただ、参政党は、自然災害などの緊急事態に対応する制度を検討すること自体に反対するわけではありません。しかし、日本では憲法改正ではなく法律の制定や運用によって、過去の震災などの事態も克服してきた事実もあります（戦争・内乱→自衛隊法、武力攻撃事態法など　自然災害→災害対策基本法、災害救助法など　感染症→新型インフルエンザ等対策特別措置法など）。外国でも、新型コロナ禍の際には憲法の条項の適用ではなく、新たに法律を制定して対処した国も少なくありません。

さらに、「緊急事態」とされているパンデミックは、人為的に作り出されるおそれがあります。人工的なウイルスやＰＣＲ検査を用いれば、パンデミックを人為的に作り出すのは不可能ではなく、外部の勢力によって、国内の緊急事態の発生を操作される可能性がありま す。

23年2月に公表されたＷＨＯの国際保健規則改正案には、ＷＨＯが各国に対して法的拘束力のある指示ができるようにする内容がありました。このように、パンデミックへの対処を国際機関の指示で、世界中一律に行なおうとする動きがみられます。

緊急事態条項も、こうした海外の動きと切り離して考えるのは不可能です。外国の勢力によって日本の緊急事態が作り出されて、国民の権利が奪われないよう慎重に考えるべきです。

Q18 参政党が考える新しい憲法とは、どのような内容なのですか？

A 参政党は、①国の守りの強化、②国民の権利や自由の尊重、③日本の国柄の反映を軸にした憲法を考えています。

参政党は、「先人の叡智を生かし、天皇を中心に一つにまとまる平和な国を作る」ことを綱領の一つに掲げて、「日本国の自立と繁栄」「日本の伝統と精神」を大切にしています。こうした綱領を踏まえて、新しい憲法によって、子や孫のためにより良い日本を存続させてゆきたいという想いから、以下の3つを憲法の基本原則として公表しています（令和4年7月19日付参政党ウェブサイトより）。

①国の守りの強化
②国民の権利や自由の尊重
③日本の国柄の反映

日本が自立するためには、自分の国を自分で守る仕組みを作り、国のまもりを強化しなければなりません。また、コロナ禍に実施されたワクチン接種やマスク着用の事実上の強制や、ＳＮＳや動画などで言論の一部が制限されるなどの動きがありますが、一人一人の権利や自由が守られるということは非常に大切です。

さらに、天皇を中心に守られてきた日本の伝統や文化を次の世代に伝えてゆくには、日本の国柄・価値観を反映させた憲法にする必要があります。

そのため、こうした原則を定めましたが、最も大切なのは、憲法を作る一人一人の「想い」です。日本は、２０２４年現在、建国から２６８４年（日本書紀による）にわたって長い歴史が続いている国です。その中で、次の世代に伝えたい大切なものは何か、日本を永く続く国にしていくには、どんな理想や仕組みが必要なのか、一人一人が経験や想いを通じて、言葉にしてゆくことだと思います。

争いを繰り返した他の民族とは異なり、私たち日本人は、１万数千年前の縄文時代から共存という手段で今まで生きながらえてきました。そのため、ルールを決める際も特定の人物が定めるのではなく、可能な限り多くの人々の意見を取り入れるべきという思想が生まれたのです。
したがって、方針は定めつつも、多くの党員や国民の想いを取り入れて、日本の国柄を次の世代に伝えてゆける憲法にしたいと思います。

Q19 WHOのパンデミック条約と国際保健規則（IHR）改正は何が問題なのですか？

A パンデミック対策についてWHOの権限が強化され、他国への支援等が課されることで、外国勢力による日本への政治介入が一層強まることが懸念されます。

2024年5月に開催予定の世界保健機関（WHO）総会に向けて、21年12月から「パンデミック条約」の締結と「国際保健規則（IHR）」の改正に関する交渉が行なわれています。この条約や規則改正が制定されると、今後のパンデミック対策について、WHOの権限が強化されて、他国への様々な支援等を課されることが予測されます。

具体的に言うと、23年10月時点のパンデミック条約は、各国がワクチンを迅速に接種する体制の構築を約束して、主に先進国が途上国を経済・技術的に援助する内容でした。その分野は、健康保険制度、医療人材、研究開発情報、ワクチン傷害補償制度、技術移転、病原体情報共有と利益分配、物流、迅速な承認制度、国際機関の受入れ、地域社会への説得、途上国への援助、偽情報対策、国際金融メカニズムなど多岐にわたっています。

また、23年2月時点のＩＨＲ改正案は、ＷＨＯにパンデミック対策を主導する強い権限が与えられる内容でした。例えば、ＷＨＯがパンデミックに関して発生前の潜在的な段階から宣言や警報を発令できるほか、各国に対して法的拘束力のある勧告を出すのが可能で、ワクチン接種デジタル証明の活用を求めたり、先進国に途上国への援助を要求・指示したり、ワクチン配分計画を策定したり、ワクチン製造供給・購入等を指示することができるという内容でした。

この改正案が成立されれば、パンデミック対策として、ＷＨＯの権限が非常に強くなり、加盟国が従わなければならない事項が増えます。例えば、一律のロックダウンやワクチンパスポートの実施が求められるなど、国家主権の一部が侵される、国民の権利や自由が奪われるといったおそれがあるために、世界各国で反対の意見表明や運動が起きています。また、WHOの判断が恣意的になるおそれがあり、現にWHOがワクチンを推進する団体から多額の出資を受けており、中立とはいえないとの批判もあります。

そもそも、日本では、この条約や規則改正に関する情報が乏しく、多くの国民に知らされていません。参政党では、国会議員や全国の地方議員が中心となり、政府に情報開示を求めるための様々な活動を行なっています。

Q20 戦後約80年続くアメリカへの依存体制から脱却するには、どうすればよいのですか？

A 日米間の関係を定める条約等を改正し、アメリカにもメリットとなる形で対等な日米関係を日本側から提案することです。

大東亜戦争に敗北したのを機に、日本は政治・経済・軍事、あらゆる分野でアメリカに依存する体制となりました。在日米軍基地が日本各地に存在して、不動産や企業の株式などの資産の多くがアメリカの資本の下にあるという事実が、日本が今もなおアメリカの支配下に置かれているという証拠でしょう。

１９６０年に締結された「日米地位協定」によって、在日米軍基地及び基地内に勤務する兵士に対する治外法権が認められるようになりました。在日米軍基地内で勤務する米軍兵士が日本人に対して犯罪を行なったとしても、それが「公務中」の出来事であると見なされたら、日本の法律で裁くことができません。他にも、日本はアメリカから数多くの不平等な取り決めを押し付けられています。

そもそも、GHQの占領政策の目的は「日本が二度とアメリカを含む戦勝国に抵抗してこないようにすること」でした。アメリカを中心とする戦勝国は手ごわい相手だった日本を、敗戦を契機にコントロール下に置こうとしたのです。そのような事実が存在するにもかかわらず、それがメディアや学校教育の場で国民に伝えられていません。その理由は、真実を知れば抵抗しようとする者が必ず現れるからです。そのため、前述のような話をする者は主要メディアには取り上げられませんし、学校では戦後の歴史は詳しく教えないのです。

我々は、この事実をしっかり認識するべきです。その上で、不平等な条約などは改正しつつ、日米同盟は堅持して、関係を対等で双方にメリットのあるものにすべきだと考えています。

今年はアメリカの大統領選挙の開催年で（令和6年4月時点）、共和党のドナルド・トランプ候補が、かなり優勢です。彼の考えは「アメリカ・ファースト」。彼が大統領に就任すれば、アメリカの国益を最優先に考えて、日本にも様々な要求を突き付けてくるでしょう。そうなれば、我々日本人も「ジャパン・ファースト」の立場を明確にして、アメリカにもメリットがある形で、新しい関係をこちらから提案すれば良いのです。黙っていたら向こうの要求を飲まされて終わりです。

この十数年で、アメリカの世界に対する影響力はかなり低下しており、一国だけで世界の覇権を握るのは不可能な状態です。そうした時期だからこそ、日本も自国の強みを武器にして、より良い関係を構築するチャンスだと考えるべきです。

Q21 日本社会は世界の潮流から取り残されているという意見をよくメディアが流して、国民もそうした意識を持ちがちだと思いますが、その点についての参政党の見解は？

A メディアが唱える「グローバル・スタンダード」や「ポリコレ」などは、国際金融資本家が作ったグローバルアジェンダに沿ったものです。日本は島国で、世界で最も長い歴史を持つ国の一つですから、独自の文化や思想、風習が国民に浸透

しています。すると、彼らが作ろうとする「常識」に合わないことが多々あります。日本は遅れているのではなく、独自の文化や思想、風習をしっかり持っているのだと認識して、我々日本人が自信を持つことが大切です。

日本人は明治時代以降、西欧列強の浸透工作を受けて、西欧の方が文化が進んでいるという意識を植え付けられてきたように感じます。おかしいとわかっていても、その風潮に合わせなければ、弱肉強食の帝国主義の時代を生き残ることができなかったのでしょう。

江戸時代の教育をしっかり受けた人やその思想を受け継ぐ人が生きていた時代は「和魂洋才」という言葉（思想）がありましたが、大東亜戦争に敗れてからは、教育も変えられてしまい、日本人としての思想やアイデンティティーをしっかり持つということができない状態になりました。

「ジェンダーフリー」「ＬＧＢＴＱ」「グリーントランスフォーメーション」「ＳＧＤｓ」「ダイバーシティ」といった価値観こそが、グローバル・スタンダードだと学校でも教えられますが、こうした価値観の背景には、しっかりした科学的根拠などほとんどありません。

そもそも、ジェンダーフリーやＬＧＢＴＱなどは、共産主義者が敵対する国を内部から崩壊させるために悪用している思想戦の一つです。

本当に世界が多様化を目指すなら、世界中の人々の価値観を統一しようと訴えれば矛盾します。日本には日本の考え方や文化・風習があり、それが守られることが世界の多様性を守る結果に繋がるはずです。この考え方が身につくと、「グローバル・スタンダード」と言われる価値観や思想が、実は特定のビジネスや政治活動を進めようとする人たちにとって都合の良いものになっていると気が付くはずです。参政党は、政党の学びの中でこうした気付きを促している政党です。

Q22 参政党がグローバリゼーションを推奨しているというのは本当ですか？

A 参政党は、人・モノ・カネの流動性が高まり、世界の国々が繋がっていくという意味でのグローバリゼーションは否定していません。しかし、地球を一つの共同体と捉え、国境まで全て無くして世界の一体化を図ろうという思想（グローバリズム）には明確に反対しています。

人類の歴史はグローバリゼーションの歴史といっても過言ではありません。人類は交通手段や情報伝達の技術を発展させて、より早く、より遠くにいる人や情報と繋がろうとしてきたからです。今やその動きは地球を越えて、宇宙にまで広がりを見せています。人々の交流やビジネスが繋がってゆくというのは社会を豊かにするので良いことだと思います。

しかし、その一方で、過度なグローバル化は経済的優位性を持つ者や情報をコントロールする力を持つ者だけが勝つ社会を作ります。そうした力の暴走に歯止めをかけるために、我々は国家単位でコミュニティを維持して、それぞれの主権や権利、文化や慣習を守っていかねばなりません。国家ごとのアイデンティティーをしっかりと維持できると世界の多様性を守る結果に繋がるからです。

現在は、グローバル多国籍企業が国境を越えたビジネスを展開して、それぞれの国に税金すら払わないといったことが問題となっています。こうした企業は巨大な資本を背景に、民間の軍事会社の所持やマスメディアを買収して、国家以上の力を持つ例もあります。それだけの力があれば、政変を起こしたり政治家を買収することで、政治のプロセスの中で国家そのものをコントロールするのも可能なのです。彼ら（グローバルエリート）からすれば、それぞれの国が持つ主権やルールは自分たちの営利追求の障壁になるので、選挙など正式な手段で選ばれていない自分たちの仲間を集めて、自分たちに都合の良い計画（グローバル・アジェンダ）を作り、それを世界の国々に押し付けるという活動を行なっています。

参政党は、こうした今の世界の流れに反対して、自分たちの国の運営は国民が考えて判断するということを訴えています。これが崩れると選挙を行なって代表を選ぶこと自体に意味がなくなってしまうからです。

Q23　中国や北朝鮮など近隣諸国の反日的な政策に、どのように対応すればよいのですか？

A 国民が歴史や国際政治を学び、強い政治家を送り出して、経済力や軍事力を背景に毅然とした対応を取り続けるべきです。

古今東西、隣接する国同士は争うのが常です。そして力の弱い国が、力の強い国に併合されます。

かつてのアフリカやアジア諸国、あるいは現在のウイグル自治区のように、力が弱い国家・地域が力の強い国家に支配されるというのは、昔から繰り返されていることです。日本も、およそ150年前に西欧列強に支配されそうになりましたが、当時の為政者たちが上手く立ち回って何とか国の主権を保った経緯があります。昔の日本人には現実が見えていたのだと思います。

しかし、今の日本人は、戦後の教育で誤った思想を叩きこまれてしまい、なんでも話し合えば解決するような錯覚を持っています。経済力や軍事力を背景に各国が勢力争いをしているという国際政治の現実をシビアに見ることができなくなっているのです。近隣諸国が、日本の領土や領海を侵して、筋の通らない要求を行ない続けているのは、日本人や日本政府の弱点をよく知っているからです。有り体に言えば、「なめられている」状態です。

我々は教育から見直し、歴史や国際情勢を学び直して、良識ある国民の民意に支えられた政治家を送り出して国力を背景に対応していかねば、近隣諸国からの強い圧力や恫喝《どうかつ》に屈していく結果になるでしょう。

Q24 現在、若年層が政治に対する興味を失っているという話を聞きます。投票率を上げるための対策は存在するのですか?

A 大人が日本の課題を我が事として捉えて、政治について話し合っている姿を子供たちに見せてゆくことが大切です。問題は若年層ではなく、その上の世代にあります。

日本財団が世界各国の18歳の若者に対して「あなたの力で社会は変えられると思いますか?」という意識調査を定期的に行なっています。この調査の結果を確認すると、インド人の若者の約8割、アメリカ人と中国人の若者の約7割が「変えられる」と返答したのに対して、日本の若者はわずか2割ほどしか「変えられる」と回答していません。今の日本の18歳は8割が「社会は変えられない」と思っているわけですから、選挙で投票して社会を変えようとは、当然思えないわけです。

彼らが生まれてからずっと日本が衰退し続けているため、社会に希望を持つということができないのでしょう。社会が良い方向に変化している体験を受けていないわけですから「変えられる」と思えと言っても無理な話です。

まずは、親が政治課題を我が事としてとらえて、政治についての自分の考えを話す姿を子供たちに見せてゆきましょう。

参政党は大人が政治の話をするための基礎となる情報を毎日動画（赤坂ニュース等）で配信して、国民の政治参加を訴えています。こうした地道な活動でしか、若年層の意識は変えていけないと考えています。

第4章

正しい日本の教育についてのＱ＆Ａ

Q25 参政党が政策の1番に「教育」を掲げているのはなぜですか?どんな教育が必要だと考えていますか?

A 日本の政治を変えるには、国民の意識を変える「教育」しかないと考えているからです。教育の対象は子供だけではなく大人も含みます。日本国の当事者としての意識や社会の課題を考える力を教育によって身につける必要があります。

社会を構成するのは人です。良い人が集まる国は良い国になりますし、逆もしかりです。国や社会、政治を良くするには、その構成員である人を育てなければなりません。「教育は国家百年の計」と言われるのは、そのような意味です。では、現在の日本にその100年の国家ビジョンがあるかといえば、全く存在しません。それは先の大東亜戦争に敗れてから、日本が、いまだに独立した国家として自立できていない事実を示しています。

我が国の急務は国家ビジョンを再構築して、そのビジョンに沿った人材を教育によって育てることです。それを革命やクーデター以外の方法で実行するためにと、民主主義のプロセスに則って政党を作り、政治活動を行なっていくしかないと考えて参政党を設立しました。

国家ビジョンを再構築するためには、そもそも日本はどのような国だったのか、国の縦軸である歴史を学ばねばなりません。次にその歴史と繋げて国際情勢を理解して、今の世界の力学や仕組みを把握する必要があります。こうして皆さんの頭の中に縦軸（歴史）と横軸（国際情勢）が作られて、今の自分たちの立ち位置が把握でき、進むべき方向性を考えることが可能となります。

そして、我々が国の方向性を考える中で、どのような国にしたいのか、どのような暮らしを送りたいのかを考えてゆくのです。義務教育の一番の命題は、国や社会の在り方を考えられる国民を作るということではないかと思います。そこで参政党では、政治活動と教育活動を兼ねて「創憲プロジェクト」（詳細はQ16に記載）を進めているわけです。

さらに、国の在り方を本気で考えようと思えば、自分たちが日本という国の当事者だという意識を一人一人に持っていただかなければなりません。しかし、この当事者意識も今の教育では育むことができないようにされています。会社に置き換えるとイメージできます。社員に会社の構成員であるという意識がなければ、会社の在り方を本気で考えず、いつも社長や上司の悪口を言って、少しでも待遇を改善してもらうのに注力して、要求が通らなければ退職します。そして、そのような社員が増えた会社は潰れていくわけです。

あとは、お金や損得だけで行動しないための哲学や思想を学んでおく必要もあるでしょう。かつての日本人は古典や偉人伝からそうした内容を学んでいたわけですが、戦後の教育には、それがありません。そのため、お金がある人が偉い、権威のある人が正しい、テレビに出ている人が正しい、と考える若者が増えてしまうわけです。価値判断の軸が自分ではなく、数値や他者がその基準になっています。よって、社会的な地位を得て、お金を稼げることが幸せだという価値観で、人生の目標を立ててしまい、それらが奪われそうになると、間違った行為を平気でやってしまう、長いものに巻かれてしまう、そのような人が増えています。

とはいえ、そうした圧力や誘惑に負けないようにするためにも、現代の資本主義社会の中でお金を稼ぐスキルというものもしっかり身につけておかねばなりません。人間は霞だけ食べて生きるというのは叶いません。経済的に自立しなければ、自分の信念を通すこともできないのです。

教育で力を入れていく点は、次の４つに集約されると考えます。

①日本人としての当事者意識を持つこと
②行動の基準になる思想や哲学を持つこと
③歴史と国際情勢を学び、日本の在り方を考え、その中で個人の使命や生き方を考えること
④経済的に自立し、自分の意志で人生の選択をしていくこと

こうした力を身につけた人は「今だけ、金だけ、自分だけ」とならず、社会の発展に寄与できると思います。まず、大人がこうした知識やスキルを学んで、子供たちに伝えていけるようになれば、理想的だと考えています。

Q26 参政党は現代の教育について異議を唱えていますが、それに対する具体的な解決案は存在しますか？

A 明治時代以降の管理教育とは別立てで、江戸時代までの自由型教育を復活させて、教育を複線化し子供の選択肢を増やすことが解決策になると考えています。

近代日本の学校教育の基本スタイルは明治時代初期に生まれたものです。当時は西欧列強の圧力によって日本が支配されかけていた時代でしたので、強靭な軍人と工業製品を造る工場の労働者が必須でした。いわゆる「富国強兵《ふこくきょうへい》」政策です。

軍人と工場労働者に求められる能力とは、自分の意思で行動するのではなく、上から言われた内容を正確にこなすことです。そのため、明治時代以降の学校教育の場では従順に、言われた内容を素直にこなす学生が賞賛されるようになったのです。

その結果、日本は日清・日露戦争には勝利しましたが、結局、後年の大東亜戦争で敗北しました。その後、明治時代に誕生した管理教育をベースに、ＧＨＱが思想の部分をいじり、教育委員会という組織を設置して、国民が教育の在り方を変えにくいようにしたのです。従順で自虐的な国民にしておけば管理しやすいからです。

そして、現在行なわれている学校教育とは、簡単に言えばサラリーマンや公務員を作る偏差値教育です。社会課題と向き合い、起業したり、政治家になって仕組みから変えてゆこうという人間は評価されず、むしろ異端児のように扱われます。学校の教師たち自身が管理教育と偏差値教育で育成されているので、悪気なく子供たちを枠にはめてしまっています。

この問題は根深く、国がルールを決めて全国一斉に教育を変えようとすると、明治維新か占領期並みのエネルギーと外圧が必要となるので、平時には難しいのです。では、今すぐできる行動は何かというと、現状の管理教育+偏差値教育に希望を見いだせない子供たちが通えるフリースクールなどの施設を作りやすくすることです。現在、日本には300ほどのフリースクールがありますが、国の制度に則っていないため、全額自己負担で小中学校の卒業資格も認定されない例が多いのです。

繰り返しになりますが、国が全ての教育を管理するというのは明治時代から始まったこと。江戸時代の寺子屋や私塾は地域ごとに自由な教育を行なっており、そこで育った多才な人材が明治の近代日本を作ったというのは、皆さんもご存知のはずです。今日の疲弊した日本に新しい風を起こすのは、今までの枠にはまらない考えを持った若者です。そうした人材が生まれてくるように、緩いガイドラインだけを設けて、地域の教育を自由化して、そこで学ぶ子供たちにも金銭的な支援や卒業の資格を与えてゆくのです。こうして子供たちの選択肢を増やしていくというのが、今すぐに取り組める日本の教育改革です。

占領期に国が決めた一律のルールに従った公立学校に通うと授業料は無料、子供に合わせたフリースクールだと全額負担というのは、あまりにも差がありすぎるので、参政党は子供一人あたりに一定の額の教育クーポンを発行して、公立学校にもフリースクールにも使えるようにして、子供や保護者が教育を選べるようにすることを提案しています。

Q27 戦後、日本の教育は反日的になったと言われていますが、その原因は何ですか？　また、その対策はありますか？

A　戦後のＧＨＱの占領目的は、日本が二度とアメリカや世界のルールに逆らわないようにすることでした。そのために彼らは日本人の誇りや思考を奪おうと様々な仕組みを作ったのです。

戦後日本を支配したＧＨＱが優先的に取り組んだのが教育改革です。彼らは表向きでは日本を民主化すると言いながら、水面下では、いかに日本人をコントロールするかを考えて教育を変えていきました。

彼らが日本人に教えないようにした教育内容は次のようなものです。

①軍事学、国際政治学、国際法

②神道、神話、天皇、国体学

③修身《しゅうしん》、国史、地政学

つまり日本人が国や民族に誇りを持ち、世界のルールに口を出してくるのを恐れたわけです。また同時に「ウォー・ギルト・インフォメーション・プログラム」というものを作り、日本人に大東亜戦争に対する罪悪感を植え付けようと、ラジオなどを使い洗脳をかけました。

さらには、学校の教師たちをコントロールして反日的な教育を行なわせるため日本教職員組合（日教組）や日本学術会議などを組織して、戦争に反対していた共産主義者などを組織のトップに就任させました。また、GHQは日本に教育使節団を派遣して、政治と教育を分離するという名目で教育委員会制度を作り、それが今日に至っています。

付け加えるならば、日本の学問の最高権威を東京大学法学部として、そこにGHQに協力した宮澤俊義《みやざわとしよし》という憲法学者を置き、彼にGHQの監視の下に作られた日本国憲法の解釈学を整備させて、新しい憲法の正当性を国民に宣伝させたのもGHQです。いまだに東大法学部内では宮澤氏の後を継ぐ人たちが権威とされており、この東大法学部を卒業した人材が「官庁の中の官庁」と呼ばれる財務省に入り、日本の政治の舵取りを行なっています。

こうした現状を、歴史的な経緯から理解して、GHQが奪ったものを取り戻していくのが、日本人が誇りを取り戻す一番の方法ではないかと考えています。

Q28 親が子供を教育する上で大切なこととは何ですか？

A 子供が自分で幸せを掴みとれる力をつけることです。また子供にとっては親が一番の先生ですから、親自身がその力をつけて背中を見せることが大切です。

少子化の影響で日本の子供の数が減っています。親は数少ない子供を大切に思うあまり、ついつい過保護になってしまい、「危ないことをやらせない」「挑戦させない」「大人が良いと思うレールを敷く」といった育て方になりがちです。

現在の日本では、一流企業に入社しても海外でアルバイトするより給与が安いという現実があるにもかかわらず、いまだに学歴神話が信じられており、幼いうちから子供に学校受験を行なわせて良い大学に行かせようとする親が多いといった事実は、その典型だと思います。

このような状態が続けば、間違いなく日本は衰退して、グローバル化の波に飲まれて国の主権は弱くなってゆくと思います。そうなれば幕末のような状態となり、平時とは言えなくなります。そのような時に安定期の物差しで子供たちの可能性を縛って型にはめるべきではありません。子供たちには**激動の時代を生き抜く力**、言い換えれば、**自分で社会の課題を見つけて、解決策を考えて、行動に移す力と、日本人としてのアイデンティティーと責任感を持って国際社会と対峙し貢献する力**、この二つが必要です。

そのような力を育んでくれる学校はそうそうありませんから、読み書き・そろばんといった基礎的な教養が身についたら、社会や生活の中で親が子供に指導してあげるのが一番確実だと思います。例えば、「このまま日本の人口が減り続けたらどうなると思うか」「日本だけが30年間も経済成長しないのはどうしてか」「日本人が政治に関心を持たなくなったのはなぜか」といった課題を投げかけて、その原因と解決策を考えさせるのです。明確な答えはありませんから、子供が考えてくる解答に対して的確な投げかけを行ない、思考を深めさせたり、実際に出来る活動を体験させてあげるのが大切です。

しかし、こうした内容を普段から自分自身で考えたり、実際に行動している人と繋がっていないと、子供への指導ができないわけです。良い学校に入りさえすれば教えてくれるというものではありません。まず、自分が学び行動するのが大切です。

実は、そうした実践を行なう場所として参政党の仕組みを設計しました。社会の課題を考えて、実際に議員や首長に訴えたり、セミナーなどで解決策を学んだりしてください。そういった皆さんの姿が子供たちへの一番の教育になります。

第5章

歴史・国際情勢に関するQ&A

Q29 自国に対して誇りを持たない日本人が多い印象です。その要因は何ですか？

A **大東亜戦争後の自虐的な歴史教育の影響です。今後の日本では、子供たちが日本を好きになる歴史教育が必要です。**

私は20歳の時に世界各国を訪れた経験を持つのですが、現地の人々から話を聞くと、祖国に対する意識が日本人とは全く異なることを知りました。

外国の人々が自分の国を語る際は、たいてい誇らしげで悪口を言うことはほとんどないのですが、日本人の場合、謙遜が過ぎるというのが大半。特に外国人を前にした時は自国を卑下するような表現を使いがちです。さらに、外国の若者たちが自国の未来について明確なビジョンを抱いている場合が多いのに対して、日本の若者は、未来について、ほぼ考えていません。

最近の調査でも明らかですが、自分たちの力で社会が変えられると思っていないのです。

私が帰国後に友人たちの前でその事実を危惧した言葉を伝えたところ、妙な宗教に洗脳されたのかと疑われたほどです。

現在の日本人の意識がこのようになってしまった最大の要因は、やはり大東亜戦争終結後のアメリカ・GHQ主導による自虐的な歴史教育の影響だと思います。

日本人の戦力が自分たちの想定を上回るものだったと気付いたGHQは、日本が再び欧米諸国の対抗勢力にならないように、戦前・戦時中の日本の行為を総じて悪とする自虐的な歴史教育を行なうよう、当時の日本政府に通達しました。その結果、国際的に見て人道的だった日本軍は世界各地で殺戮《さつりく》を繰り返した悪虐な集団と見なされるようになり、欧米国家によるアジア各国に対する支配体制を打破した大東亜戦争は、無謀な侵略行為だったという認識が日本人に刷り込まれました。

戦後80年近く、日本人は諸外国の人々に対して卑屈な態度を取るのを要求されて、その結果、将来に希望を見いだせない若者たちが激増する結果となったのです。

若者たちが将来に希望を持たない国家に、輝かしい未来など存在するわけがありません。

参政党の政策の中には、「史実に即した歴史認識の形成を進め、戦後国際秩序からの脱却を目指す」というものが存在します。日本人が自国に誇りを持てる歴史教育が行なわれることが、新しい日本を生み出すための大切な要素になるでしょう。

Q30 現在の日本の歴史教育の最大の問題点とは何ですか？

A 日本人の視点で歴史教科書が作られていないことです。日本人が過去に行なった偉業が意図的に隠蔽《いんぺい》されています。

私たちが学んだ、そして現在の学生たちが学んでいる歴史教科書には、本来なら記されるべき内容が意図的に記されていません。むしろ、隠蔽されている箇所こそが本当に学ぶ価値がある「真実の歴史」と言えます。

例えば、歴史教科書には戦国時代にポルトガル人が現在の鹿児島県の種子島《たねがしま》に渡来して鉄砲の技術を伝えたとしか記述されていませんが、その後、日本人が独自に鉄砲の製造技術を編み出して、数年後には世界一の鉄砲保有国になったという史実が存在します。これは日本人が新しい技術を受け入れる柔軟な意思、それを熱心に研究する勤勉性、さらには独自に製法を開発して、それを量産するという高い技術力を有していた事実を象徴しています。

江戸時代に日本にやってきた外国人の多くが、日本人の民度、衛生観念、子供を大切にする社会の在り方などを絶賛して、これほど国民が幸せそうな国はないと評価しています。また、江戸末期に黒船が来航した際は、当時の宇和島藩主の伊達宗城《むねなり》が、藩内の医者や提灯職人を集めて黒船と同様の蒸気船を製造しろと命じたところ、わずか6年で完成させました。この事実を作家の司馬遼太郎氏は「この時代に宇和島藩で蒸気機関を作ったのは、現在の宇和島市で人工衛星を打ち上げたのに匹敵する」と語っています。

さらに、欧米諸国の圧力に屈する形で開国を決断した日本ですが、いざ西洋の科学技術を学ぶと急速なペースで近代化して、大国の清（中国）とロシアを撃破するまでの軍事力を有しました。１９２０年には史上初の国際組織である国際連盟の常任理事国となり世界の人種差別を撤廃するように提案するなど、世界の秩序を変えようとしたのです。短期間でこれだけの偉業を立て続けに成し遂げた民族は世界広しといえども日本人だけでしょう。

かつての日本人はこうした歴史を学び、自分たちも世界を変えられるという自信を持っていました。そして、国際金融資本家の意向に逆らったことが大東亜戦争勃発の原因の一つでもあったと考えられます。日本人が二度と彼らの作った世界秩序に逆らわないようにするためには、過去の日本人の偉業を隠しておかないと都合が悪いのです。そこを理解して歴史の教育を抜本的に考え直していく必要があるでしょう。

Q31 参政党のメンバーが言う「グローバルエリート」や「国際金融資本家」の具体的な意味は?

A

「グローバルエリート」とは、経済的利益を追求するため、個々の国家権力の及ばない統一された市場や国際機関のようなものを求める人々の総称。「国際金融資本家」とは、近代以降貿易や金融業で財を成し、シティやウォール街の金融市場を動かし、グローバル企業に投資を行ない、資本の力で政界・学界・メディア

界に大きな影響力をもつ人々のことを指します。

産業革命以降、グローバルな経済活動、すなわち国の垣根を越えた経済活動は、世界を一つの共同体と捉えて、貧しい国や地域に進んだ文明の富や先進的で便利な物や薬を届けて、生活を安定させるという面では、生活水準の向上に貢献してきました。一方で、国境を越えて経済活動を行なう際、各国の独自の制度や規制、関税は、なるべく無い方が、企業としては活動しやすく利益は大きくなるため、グローバルに活動する企業は、ＷＴＯや各国政府に規制や関税の廃止、ＦＴＡやＴＰＰなど経済連携協定の締結を求めてきました。

このような活動について、各国政府は自国企業の利益と自国民の生活を守りながら進めてきていますが、ＥＵが通貨を統合して欧州を一つの国家のように運営し始めたころから、国際機関のＥＵがメンバーである複数の国家を超えて統一的な制度や規制を作り、各国にその制度や規制を適用しています。

国際機関と国家との関係を参考に、古くは軍需産業を代表する軍産複合体や、ワクチンなどで利益を上げる医産複合体が、国際機関・各国政府・マスコミに働きかけて自社が利益を得られるような情報を流し、制度や規制の設立を促し、例えば、安全性が十分に検証されていないコロナワクチンを国民に打つよう奨励しているように見えます。２０２４年５月現在でもＷＨＯがパンデミック条約を作り、また、国際保健規則を改正して、ＷＨＯがパンデミックを宣言した場合に各国にワクチン接種などを強制するのではないかと、グローバルエリート対抗勢力は警戒を強めています。

つまり、お金の力で政治に働きかけて、国際機関を設立して、それらを使って各国の政府の規制を緩めて、自分たちのビジネスをより行ないやすくするというスキームを作ってきたのがグローバルエリートと呼ばれる人々です。

ＥＵの参加国である、イタリア、ドイツ、オランダ、フランスなどでは、グローバルエリートの活動や国際機関と自国与党が主導する政策のおかしさに気付き、対抗する政党が存在感を増しています。残念ながら日本ではメディアがグローバルエリートに支配され、国民への情報が彼らに都合の良いようにコントロールされているため、このような話をするとメディアを中心に陰謀論として片付けられてしまい、与党も野党も声を上げられずにいるのが現状です。この問題に正面から取り組んでいる政党は参政党しかありません。

気が付いた人たちが国際的なネットワークを設立して、世界の政治の流れを作らないと、近い将来に巨大な資本をもつグローバルエリートが民主主義の枠の外側で世界をコントロールする形になるでしょう。

Q32 私たちが習ってきた世界史は、誰がまとめたものですか？

A 大東亜戦争に勝った欧米諸国側から見た視点でまとめられています。

15世紀から現在に至るまでの近現代史とは、欧米諸国による侵略の歴史と言っても差し支えありません。

学校の世界史の教科書には、15世紀半ばからヨーロッパで大航海時代が開始されたと記述されています。「大航海」というロマン溢れる名前とは裏腹に、欧米諸国の目的は、アジアやアフリカなど他の地域の資源や特産品を奪い取ることでした。正確には「大侵略時代」とでも表現するべきです。

アメリカ大陸を発見したコロンブスは、先住民族たちを拘束してヨーロッパに連れてゆき、多額の利益を得ていました。これが後にアフリカ大陸で行なわれた奴隷貿易の原型になったと言われています。

西洋人たちの支配の方法は、とても狡猾《こうかつ》なものでした。彼らは新しい土地に降り立った際、まずは現地の人々に交流を持ちかけます。次にキリスト教の布教を目的に宣教師を送り込むのですが、彼らは情報収集を行なって本国に通達するスパイの役目を果たしていました。日本に降り立ったフランシスコ・ザビエルもスパイの一人でした。

そして、現地の情報を把握した後、「分離工作」を仕掛けるのです。分離工作とは現地の部族にそれぞれ偽の情報を吹き込んで対立状態を促して、互いが争って消耗した後に西洋の軍隊が攻め入って土地を支配するというものです。

18世紀にイギリス軍とアメリカ先住民族の間で争いがあった際、イギリス軍将校が、天然痘ウイルスが付着した毛布を先住民族側に贈り、結果的に多くの先住民族が死亡したという事件が発生しました。他民族が暮らす土地を奪うために、西洋人たちは残虐な手段を数多く使用したのです。
西洋が中心となっている現在の世界では、西洋人にとって都合の良い歴史しか語られる機会がありません。自分自身で調べなければ「真実の歴史」を知ることはできないのです。

Q33 日本が初めて国際金融資本家の標的にされたのは、いつごろなのですか？

A イエズス会の宣教師が訪れた戦国時代です。

1494年に締結された「トルデシリャス条約」、1529年に締結された「サラゴサ条約」によって、当時は二大海洋国家だったスペインが大西洋方面、ポルトガルが太平洋方面に進出することが決定しました。なお、サラゴサ条約によると境界線は日本の岡山県を通っており、日本は2カ国から標的とされたのです。

条約が締結されてから20年後の１５４９年にイエズス会宣教師のフランシスコ・ザビエルが現在の鹿児島県に来着して布教活動を行なったのですが、実際の目的は日本の内情を調べて本国に通達することでした。そして、ザビエルは日本が強大な力を持っていると知ったのです。

ザビエルが訪れた当時の日本は戦国時代の真っ只中で、各藩が争って覇権を得ようとしていました。そのため、国内の人々の大半が武装して、いつでも戦闘可能という状態でした。ザビエルが訪れる数年前、種子島にポルトガル人が漂着して火縄銃の技術を伝えたのですが、これは日本を混乱させるための策略だったかもしれません。しかし、勤勉な日本人は火縄銃の製造方法を体得して、数年後には当時のヨーロッパ諸国の総数を上回る数の火縄銃を有していたのです。当時の日本の軍事力はスペインとポルトガルのそれをはるかに上回るものでした。その実情を知ったザビエルら宣教師たちは、「日本は侵略できない」という報告を本国に送ったのです。

仮に当時の日本が平穏な時代だったら、戦国時代のように強大な軍事力を持ち得なかったため、スペインとポルトガルに支配されていた可能性は高かったでしょう。これは非常に幸運でした。

武力による侵略を諦めたスペインとポルトガルは、日本でキリスト教を布教してキリシタン大名たちが内乱を起こすように仕向けましたが、豊臣秀吉が「バテレン追放令」を発布した結果、キリスト教の影響力を弱めるのに成功したのです。戦国大名たちは世界の仕組みや敵の狙いを理解していたわけです。

Q34 日本は開国したことで文明化したのですか？

A **江戸時代の日本は世界一高度な文化を持っていました。西洋人によって文明化したというのは捏造《ねつぞう》です。**

江戸幕府が実施した鎖国政策によって、日本の文化は世界から大きく劣ることになり、明治時代に欧米諸国から手解《てほど》きを受けた結果、近代化したというのが、歴史の教科書の記述です。そのため江戸時代の日本が野蛮な後進国だったと思っている方は少なくないでしょうが、実際は欧米諸国をはるかに上回る高度な文化が根付いていました。

徳川幕府が始まって以降、江戸の街には全国各地から多くの人が集まるようになり、17世紀には人口が100万人に達しました。当時同規模の人口を抱えていた都市は、中国の長安と現在のイラクのバグダッドしか存在しなかったと言われています。

街の中には多摩川や井の頭池から引かれた水道が通っており、生活排水は海へと流されていました。人が集まる場には「辻雪隠《つじぐもがくれ》」という公衆トイレが設けられており、人々の排泄物は農地の肥料として有効活用されていました。これは、排泄物は道端に垂れ流すのが当たり前で、たびたび疫病が蔓延していた欧州の都市とは対照的です。

また、江戸時代の町人は経済的に豊かでしたので、歌舞伎や浮世絵、花見の習慣といった文化が町人の間から生まれたという経緯が存在します。西洋の文化の大半は王侯貴族がパトロン（支援者）となる形で誕生したものです。

江戸時代末期に日本を訪れた西洋人たちの著作を読むと、全員が日本人の文化レベルの高さと国民の幸福さに驚いている様子が見受けられます。ただ、彼らは今後大量の西洋人が日本に来ることで、文化レベルや国民の幸福度が一気に低下すると予測していました。

江戸時代の人々は精神的にはとても豊かな生活を送っていました。西洋によって日本が近代化したというのは、日本人が劣った民族という印象を植え付けるための策略でしょう。

学校の歴史授業では詳しく語られる機会が少ない江戸時代ですが、その素晴らしさを子供たちに伝えるべきではないでしょうか。

Q35 大東亜戦争は日本の暴走によって始まったのですか？

A 日本を叩き潰したい西洋諸国の罠に乗せられた結果、戦争を開始しました。

1919年に行なわれたパリ講和会議の場において、日本は世界史上初めて「人種的差別撤廃」を提案しました。差別が当たり前だった当時の世界で発言することは、非常に勇気ある行為と呼べるものでしたが、結果的に日本は「虎の尾を踏んでしまった」のです。

当時、アジアやアフリカ地域を植民地にして利益を得ていた西洋諸国にとって、彼らが劣等民族と見なしていた日本人からの提案は非常に腹立たしいものでした。当時の西洋人の間ではアジア人が災いをもたらすという「黄禍論《こうかろん》」が囁かれていたのですが、それにも拍車をかけたのかもしれません。

その後、日英同盟は破棄されてアメリカでは排日移民法が制定されるなど、西洋諸国は次々と日本人を迫害する政策を実施しました。そして、日本軍が中国大陸で国際金融資本家の支援を受けた軍閥から攻撃を受けて戦闘状態へと引《ひ》き摺《ず》り込まれた結果、国際連盟を脱退しました。この構図は、学校のいじめっ子グループが、目立つようになったクラスメイトを集団で攻撃するようなものでしょうか。

そして、ＡＢＣＤ包囲網によって外国からの資源や燃料が枯渇した日本は、やむを得ず大東亜戦争に突入したのです。当時の昭和天皇も首相だった東條英機も開戦に反対していたというのは、昭和天皇が開戦直後に記された「開戦の詔書」（※巻末資料）を読めば明らかです。

戦時中、アメリカはソ連や中国と相談して、終戦後に日本を分割して統治する計画を持ちかけていた記録が残っています。表層上は対立していたアメリカとソ連ですが、裏では結託していたのです。歴史を調べれば世界の真実がわかります。

西洋諸国の罠に乗せられた日本は必死で戦いましたが、結果的に連合国軍の圧倒的武力の前に敗北しました。読者の皆様には、大東亜戦争は決して無謀な侵略戦争ではなかったと認識してもらいたいのです。

Q36 大東亜戦争で日本が勝つ確率はなかったのですか？ また、この戦争によってもたらされたものとは？

A 連合国側が戦争犯罪を行なわなければ、勝利していたかもしれません。結果的に世界中の国々を解放しました。

通説では勝つ見込みが全くなかったとされている大東亜戦争ですが、当時の日本国内では戦争を回避する外交努力と並行して、開戦した場合に勝利するための綿密なシミュレーションを行なうため、陸軍に専門の機関が設置されていました。設置された「陸軍省戦争経済研究班」（班を率いた秋丸次朗中佐の名から「秋丸機関」と呼称されることもあります）は、我が国に経済的国力がないのを前提に打開策を研究しました。彼らは戦闘を短期間にとどめて、経済をアジアの植民地に依存していたイギリスに対して戦力を集中し、講和に持ち込むことができれば勝利できるという分析結果を報告しています。しかし、海軍の山本五十六連合艦隊司令長官の主導により、真珠湾攻撃が行なわれた結果、厭戦が主流であったアメリカ国民の戦意が昂揚し、急激な戦争準備を実現させてしまいました。また、海軍は秋丸機関の報告書にはなかったアメリカに対する積極的な戦闘行為や太平洋側への戦線拡大に拘《こだわ》り、戦局は次第に悪化していくことになります。

開戦当初は秋丸機関が想定していた通り、日本軍は快進撃を繰り広げていました。1941年12月10日、マレー半島沖でイギリス海軍と交戦した日本海軍は、航空隊の攻撃でイギリス戦艦プリンス・オブ・ウェールズと巡洋戦艦レパルスを撃沈するのに成功しました。これは、史上初めて航空機が戦艦を撃沈した例であり、以後、海上戦の中心は艦隊戦から航空機戦へと変わっていきました。

その後、東南アジア方面に進出した日本軍部隊は現地に滞在していた連合国軍部隊を次々と撃破して、短期間でフィリピン、東インド（インドネシア）、ビルマ（ミャンマー）といった、当時西洋諸国が支配していた地域を自国領としました。長年続いた支配体制から解放されたことで、現地の人々は日本軍部隊を歓呼で迎えたといいます。

連合国軍側は自分たちの予想をはるかに上回っていた日本軍の兵器の性能と死を恐れない勇猛果敢な日本軍兵士たちを非常に恐れていました。そこで、日本を完全に屈服させようと一般市民が数多く暮らす都市部に対して大規模空襲を繰り返したのです。そして、1945年8月に二つの原子爆弾が投下された結果、日本が降伏に追い込まれました。

本来、戦争中の一般市民に対する無差別攻撃は完全な違法行為であり、それを実施したアメリカは国際法廷で断罪されるべきだったのですが、それが実現しなかったのは「勝てば官軍」だからでしょうか。

実を言うと、原爆投下後も日本は戦争を継続可能でしたが、甚大な被害に心を痛められた昭和天皇が「終戦の詔書《しょうしょ》」（※巻末資料）を発布されたおかげで戦争は終わりました。

一方、日本軍の活動によって、アジアの国々は次々と独立を果たした結果、世界情勢は一変したのです。

Q37 日本には、昔から多くの外国人が渡来した歴史が存在しますが、彼らには共通点が存在するのですか？

A その多くが日本の占領を意図していたと考えないと歴史の辻褄が合いません。数百年前から日本も狙われていたと考えないと歴史の本質が見えてきません。

欧米の勢力は、数百年前から日本を自分たちの傘下に入れようと画策し続けてきました。歴史教科書に登場する外国の人物の大半がその尖兵であったと考えなければ、本当の歴史は見えてきません。

16世紀に日本に渡来したフランシスコ・ザビエルらイエズス会の面々の目的は、名目上は日本にキリスト教を広めることでしたが、実際は日本を植民地化するための下調べを行なっていたのです。ただ、当時の日本は戦国時代の真っ只中で各大名が強大な武力を有していましたから、仮に欧米の軍隊が日本に攻め入ったとしても返り討ちに遭うのは明らかでした。イエズス会の宣教師アレッサンドロ・ヴァリニャーノが当時の日本を軍事的に征服することは不可能だと報告する書簡が残っています。

武力で日本を支配するのは不可能だと知った欧米の勢力は、今度は日本でキリスト教を布教して宗教を起因とする内部対立を引き起こそうとしたのです。また、九州のキリシタン大名の大友宗麟や大村純忠は戦で捕らえた敵側の捕虜を奴隷として海外に売っていました。しかし、豊臣秀吉や徳川家康ら当時の日本のリーダーが、その思惑や彼らの実態に気付いて、カトリック勢力の浸透工作を排除して難を免れたのです。

産業革命によって欧米諸国が強大な軍事力を身につけた19世紀になると、国際金融資本家は今度こそ日本を支配できると考えてペリーを派遣して日本に開国を要求しました。「脱亜入欧」によって、欧米の軍門に下るかと思われた明治時代の日本ですが、江戸時代という高度な教育が行なわれていた時代に幼少期を過ごした人々が賢明な対応をすることで、国際金融資本家の完全な支配下に置かれるのを免れたのです。

しかし、１９１９年のパリ講和会議において日本が主張した「人種的差別撤廃提案」が大きなターニングポイントとなりました。これは人類史上初めて世界中の全ての人種が平等であるべきだと主張した宣言でしたが、有色人種を支配して自分たちに利益が集中するように世界秩序を作っていた国際金融資本家が、日本を潰す対象と見なすようになってしまったのです。

大東亜戦争の敗戦とその後の自虐的教育の影響で、日本社会は悪い意味で大きく変容してしまいました。国際金融資本家の目的は半ば達成されています。

Q38 近年になって日本における国際金融資本家の影響力が増大した要因とは、何ですか？

A 明治、大正時代の教育を受けた人物がいなくなり、「今だけ、金だけ、自分だけ」

の人物が社会の上に立つようになったからです。

明治時代以降も、国際金融資本家から執拗《しつよう》に標的にされ続けた日本ですが、それでも完全な支配下に置かれることがなかった理由は、当時の為政者たちが情報を集めて強い警戒心を持っていたからです。

前の項でも説明したように、江戸時代は考える教育が中心で、武士は戦うことを学びの中心に置いていました。その時代に幼少期を過ごした為政者たちは欧米諸国に比べると日本が軍事力や科学力で劣っているのを承知した上で、狡猾に立ち回ってきたのです。

大東亜戦争終結直後も同様、明治、大正生まれの当時の政財界人たちは、GHQの支配体制に表層的には従いつつも、面従腹背《めんじゅうふくはい》で、根底ではそれに抗うことで高度経済成長の達成に成功しました。しかし、彼らが社会の第一線から退き、GHQが設計した戦後教育を受けた世代が社会の中心となった平成時代以降、日本国内では急速に国際金融資本家の影響力が強まるようになってゆきました。現在の日本は国際金融資本家の経済的なプランテーションと見られても仕方がないような状況です。

大正時代は、生誕した男性のおよそ7人に1人が戦死するという過酷な時代でした。家族や友人と死別するのが当たり前だったが故、「命とは何か」「魂とは何か」を考える機会もあったのだと思います。かつての日本人は「命」とは別に「魂」の存在を理解していましたから、たとえ「命」は失っても「魂」は売らないという精神があったわけです。「生き恥を晒すな」という言葉もありますが、「命よりも大切なものがある」という感覚が残っていたのでしょう。

その一方、戦後生まれの世代は、個人主義で「命が全て」の教育を受けてきたので、自分の利益や命を守るためなら、人を蹴落としてでも「今だけ、金だけ、自分だけ」の精神で生きても違和感を感じなくなってしまったのです。そうなると強大な資本を持つ人々の思惑のままにお金と情報で動いてしまい、本当の意味での「尊厳」や「誇り」、「国益」といったものを考えられなくなってしまいました。

現在の日本社会は一見平和に見えますが、実際は半ば「支配されている」状態です。そして、その事実に多くの人が気付いていないのが現状です。日本の教育を見直して、現状を打破する優秀な人材を育成することこそ急務でしょう。

Q39 戦前の日本は共産主義者の策略にはめられたという説が存在しますが、それは本当なのですか？

A 資本主義と共産主義といったイデオロギーの対立で見るのではなく、歴史を俯瞰して、お金の流れを追うと世界の実態が見えてくるように思われます。

大東亜戦争中の日本では、近衛文麿首相（当時）の側近だった尾崎秀実《ほつみ》ら共産主義者がスパイとして活動して、国政に大きな影響を与えたと言われています。彼らの目的は日本を共産主義国家化することだったと言われていますが、本人たちの意図とは別に、大きな意味では国際金融資本家の計画の一端だったと見ることもできます。

国際金融資本家が理想とする世界は、自分たちを含むごく一部の特権階級が莫大な利益を得る一方、大多数の人々が管理されて隷属化しているというものです。共産主義体制国家がそのような状態になるということは、かつてのソ連や中国、現在の北朝鮮を見れば明らかでしょう。

共産革命自体が国際金融資本家の計画の一つであったとも考えられます。

そして、共産主義と正反対の思想とされる資本主義も本質的には同一、国際金融資本家の母体である国際金融機関が利益を得るために生み出されたものです。

現在のアメリカを見ると、資本主義の行き着く先は一部の経営者や投資家のみが莫大な利益を獲得するという、共産主義と同質のものとわかります。アメリカの議会の中で力を持つネオコンのメンバーはもともと共産主義者ですし、彼らが支援したアンティファやＢＬＭといった運動を見ると、アメリカの資本主義の仕組みの中に共産主義が長い年月をかけて入り込み、社会全体を覆ってしまったように思われます。

このように考えると、大東亜戦争終結後の西側の資本主義国家陣営と東側の共産主義国家陣営による冷戦体制が違う形に見えてきます。国際金融資本家は自分たちの利益を最大化すべく、政治家に政策提言という形で圧力をかけ続けています。冷戦後は国内の分断を煽る方向にシフトしています。

アメリカのトランプ前大統領支持者と民主党支持者との関係性は顕著にその状況を表しています。日本の場合も、自民党が左傾化している昨今の状況は、内なる分断と見なすことができます。

保守主義を掲げていた政党の中に、共産主義的な思想をもった政治家が入り込み、国際金融資本家の援助を受けて政党や政権の在り方を変えてしまうという策略は、大東亜戦争前に限らず現在でも行なわれていると考えられるのではないでしょうか。

Q40 大東亜戦争終結後、国際金融資本家が日本を支配するために行なった政策の内容を具体的に教えてください。

A 自分たちの言うことを聞く人間や、劣等感をもった人間を使って間接統治を実行しました。

日本人は現在の中国やロシア東部、東南アジアや南太平洋のポリネシア諸島に住む人々が混じり合って誕生した超混血民族です。そのため、日本人は他民族と交流した際は攻撃せずに自分たちと同一化させようとします。かつて日本が台湾と朝鮮半島を併合した際、現地の人々を差別せずに日本語による教育も行なったのは、彼らを同じ日本人にしようとしたからです。

それに対して、国際金融資本家が背後に存在する欧米人の考え方は、他民族を支配下に置いた上で、自分たちの利益になるよう利用するというものです。彼らはそうした統治方法を学問として体系化しています。

かつてイギリスがインドを支配下に置いた際、名目上の自治権はインド人側に与えられたのですが、支配階級のインド人はイギリスに留学して、支配層としての教育を受けて、同胞であるインド人を管理する仕事を行ないました。これを「間接統治」と言います。イギリス人が管理すると反発が起きやすくなりますが、同じインド人だと管理されているという状態に気付きにくいからです。そして、農場などの利益の4割をイギリス側に送金する義務が存在したなど、イギリスが一方的に利益を得るシステムを作っていました。

大東亜戦争終結後の日本でも似たような支配下政策が行なわれています。1946年にGHQが実施した公職追放によって、愛国的な思想を持つ日本の政財界人の大半が要職に就くことを禁止されました。代わりに要職に就いたのは、親欧米的な思想を持つ者や牢獄に入っていた共産主義者、戦前日本の統治下にいた外国人など、国際金融資本家にとって都合が良い反日感情を持つ面々だったのです。

国際金融資本家の巧妙な点は、通常ならば社会のトップに立てない人物の劣等感や不満につけ込んで白羽の矢を立てて利用するところです。彼らに地位や利権を与えて、自分たちの操り人形とするのです。

政治家にも同じ手を使います。言うことを聞くなら地位とお金を与えて、聞かないものはスキャンダルや失言、違法行為などを晒して失脚させるのです。戦犯として巣鴨プリズンに収監されていた人物が、ＣＩＡのコードネームを渡されて、戦後の政財界で重要な位置を占めたのは周知の事実です。

それと同じようなことが今も続いていると考えるのは、政治を考える上で大切だと思います。

Q41 現在、中国政府がウイグル人に対して行なっている支配政策について、どうお考えですか？

A もちろん強く抗議を行なうべきです。ただ、弾圧を受けている民族はウイグル人だけではないことを把握しておく必要があるでしょう。

中国北西部の自治区に住む少数民族・ウイグル人に対して中国政府が弾圧を行なっているという話は、数年前から世界中のメディアが報道しています。ウイグル自治区では人々が強制労働に従事させられて、収容所内では監禁や拷問が繰り返されていると言われており、共産主義犠牲者記念財団のエイドリアン・ゼンツ氏は、今後20年間でウイグル人の人口が数百万人減少するという見解を示しています。

現在の中華人民共和国は、漢民族が設立した中国共産党が複数の国家や民族を統合して誕生したモザイク国家です。他民族に対して融和の気持ちを持つ日本人とは異なり支配しようと考える漢民族は、反抗的な少数民族を屈服させるために徹底的な弾圧政策を行なっているのです。万が一、日本が中国の属国になるような事態が起きれば、日本人に対しても同じような政策を行なう可能性は大いにあります。ウイグルは未来の日本の姿を投影しているのかもしれません。

もちろん、ウイグル人に対する問題は許し難い事態であり、明確な抗議声明を送らない現在の日本政府にも憤りを感じていますが、まずは類似の問題が、現在もなお世界各地で起こっているという現状は把握しておくべきだと思います。

例えば、日本人が日常的に口にしているコーヒーの原材料である豆の生産国の大半は経済状態が不安定な発展途上国です。コーヒーを低価格で販売したい世界的メーカーの意向によって、コーヒー豆の農園には年端《としは》もいかぬ少年少女たちが従事して、収入などほぼない状態で毎日過酷な労働を繰り返しています。彼、彼女たちは満足な教育を受けるのも許されず、メーカー側が賃金を支払わないことで農園そのものが倒産して職を失うという例も珍しくありません。チョコレートに使うカカオ豆の農園も同様の状況です。

また、アフリカの資源国などでは、欧米諸国が資源を奪うために現地人に武器を与えて、内乱を引き起こす例があります。そのような地域では未成年も少年兵として武器を与えられて、家族を殺すよう命じられて、帰る家を奪われて、薬物中毒にされて、奴隷になって戦わされるという実例があるのです。

このような事実は、ウイグル自治区のようにメディアが報道する機会が皆無であるため、その実態を世界中の大半の人が知りません。

私たちは世界中の全ての人種、民族に満足な教育を施して豊かな生活を送る機会を与えるべきだと思います。そのためには、ウイグル人など特定の民族だけに目を奪われず、日本人が持つ「調和」の力を世界に広めて、世界をより良くしようとする視点が大切なのではないでしょうか。

Q42 現在のロシアによるウクライナ侵攻や日本政府の対応について、どうお考えですか？

A ロシアの行なう武力による領土侵攻や政体の変更には断固反対します。一方でなぜロシアがそのような行動に出たのかという背景を考えて、日本の国益を守る行動をとるべきです。

ロシアのウラジーミル・プーチン大統領の決断によって、ロシア軍がウクライナに侵攻した結果、多数の命が失われています。武力で他国の体制を変えようとするプーチン大統領の手法は誤ったものだと思いますが、彼が侵攻を決断した理由には歴史的な背景があります。

１９９１年にソ連が崩壊した際、ＮＡＴＯ（北大西洋条約機構）諸国と旧ソ連諸国の間で互いに干渉しないようにするという取り決めが締結されました。しかし、ＮＡＴＯの東方拡大戦略によって加盟国は次々と増加してゆき、ついには旧ソ連を構成していたバルト三国（エストニア、ラトビア、リトアニア）までＮＡＴＯに加盟したのです。いわば、ロシアは喉元にナイフを突きつけられた状態になりました。この状態でウクライナまでＮＡＴＯに加入すれば、ロシアは八方塞がりになってしまいます。

しかも、ウクライナではロシア系民族が弾圧され続けてきたという流れから、彼らを解放するためにロシア軍が侵攻したことが、２０１４年にクリミア紛争が発生した要因とされています。

旧ソ連諸国の切り崩しには、国際金融資本家らが資金提供して親ロシア政権に対してクーデターなどを仕掛けてきたという歴史もあります。今回も軍事力が圧倒的に劣るはずのウクライナ側がロシア軍の進撃を食い止められてきたのは、背後に国際金融資本家が存在してウクライナを支援しているからだというのは容易に推測できます。

しかし、ウクライナ侵攻開始以降、日本のメディアはロシアを一方的な侵略者と断定して非難し、ウクライナに正義があるように描いて国民に支援を呼びかけています。日本政府もロシアへの制裁を決定しただけでなく、ウクライナに軍需品や多額の資金を提供しました。

現在、国際社会でロシアに制裁を科している国家は20カ国ほどです。ウクライナへ軍需品を提供する行為は国際法上、明らかに対ロシアへの参戦行為と見なされます。結果、日本はロシアから敵国として認定されてしまいました。国民には日本が戦争に参加したという自覚もないでしょう。

日本の隣には領土覇権を狙う中国共産党政権（中共）があります。今後、中共の武力による領土変更を認めないために、ロシアを非難するところまでは良かったと思います。ところが、今回参戦行為を取ったことで、今後中共が動いた時にロシアが連携して動く危険性を一気に高めてしまいました。南と北から同時に侵攻されたら日本に打つ手はあるのでしょうか？

日本はアメリカと日米同盟を締結していますが、本当に戦闘が起こったときにアメリカが日本と一緒に戦ってくれるとは限りません。今、ウクライナでは多くの人々が殺されて、都市が破壊されるなど甚大な被害が発生していますが、共に戦ってくれる国はありません。どこかの国家間で戦争が起こった際、自国を犠牲にしてまでどちらかの国を助けてくれる国など存在しないのです。そのため、戦争が起きないように多方面の外交努力を続けて、抑止力としての防衛力を増強しておくというのは極めて重要です。

日本政府はアメリカやマスメディアの情報に踊らされずに、日本の国益を最優先に考えて、政治的判断を行なうことが求められます。

Q43 日本を守るためには、国際的な連携をどのように進めていけばいいのですか？

A 弱肉強食の国際社会で生き抜くためには、価値観や利害が一致する国との連携を図りつつ、意見の合わない国とも是々非々で付き合っていくことが必要です。

国内社会と国際社会は全くの別物です。国内では法律が制定されて、全員がそれを守らなければいけません。法律に反した行為を行なえば警察が取り締まり裁判で裁かれます。国会、政府、裁判所などが社会の基本部分を支えています。

国には国民を守る責任がありますが、国際社会には統一的な政府は存在せず、全ての国や人を拘束する法律はありません。国際法は合意した国が拘束されます。裁判も合意すればその管轄の下に入るのが基本です。国際機関も入りたい国のみが入るものです。

例えば、2016年に中国とフィリピンの領土問題について国際仲裁裁判所の判決が下されました。中国もフィリピンも裁判に参加することに合意したからです。しかし、自国に不利な判決が出ると、中国は「判決は紙切れだ」と言い放って、判決を無視して侵略行為を続けています。

国際社会は「自分の身は自分で守る」弱肉強食の世界です。各国が自国や自国民を守る責任を持ちます。日本以外に日本人を守る国はありません。ずっと日本で暮らしているとわからなくなりますが、世界標準で見ると、日本人は国により手厚く守られている幸せな国民なのです。

ただし、厳しい国際社会で自国および自国民を守るには、一国だけで対応するのが難しい問題が数多くあります。食糧、エネルギーなどが自給可能な国力を持つ超大国であれば別ですが、日本の場合、ある程度の力があるとはいえ、一国ではやはり限界があります。そこで、共通する価値観や利害に立つ国々と連携するのです。

例えば、日本は日米安全保障条約を結んでいます。また、G7（先進七カ国首脳会議）の一員で、民主主義の国、基本的人権を尊重する国の一つです。国際連携を効果的に進めるために一つ大事な要素があります。率先して積極的に連携の枠組みを作り出してゆくためには、世界に通用する基本理念を持つというのが重要です。そして日本が「自由で開かれたインド太平洋（ＦＯＩＰ）」という理念を世界に示せば、多くの国が賛同して日本の理念を自国の方針に取り入れるでしょう。

ただし、国際社会では、人間関係でありそうな「仲の良い人とは全ての面で気が合う」的な付き合い方は存在しません。０％か１００％かの関係ではなく、ある分野では仲良くしても、別の分野では意見や利害が合わず対立するということがあるのです。また、他の国から何かの理由で世話になっていても、その国が言うことを全て聞く必要はありませんし、そうなってもいけません。是々非々で付き合うことが求められる例も多いのです。そのような意味でも、ＢＲＩＣＳ（ブラジル、ロシア、インド、中国、南アフリカ）やグローバルサウス（南半球の新興国群）など様々な国々と上手に付き合っていく必要があります。合う部分では協力する。連携する仲間は多い方が良いのです。

「親日国」と言いますが、それは国と国の「表層的な関係」では好きという意味であり、最後まで他の国と運命を共にする必要はありません。確かに日本は比較的世界各国から好かれて信頼されている国です。しかし、どの国もあくまで自国の利益が優先だというのが冷酷な世界の現実です。ナイーブではいけません。それを承知の上で、親日国を増やしてゆくということが大事です。

第6章

安全で健康的な食に関するQ&A

Q44 参政党が重点政策として「食と健康」を訴えているのはなぜですか？

A 我々は、「食」の大切さに意識を向けることで、健康や予防医療を考えて、結果として無駄な医療費を削減して、国の財政も改善してゆきたいと考えているからです。

日本人は昔から「食」を、とても大切にしてきました。毎年11月23日には、「新嘗祭《にいなめさい》」という天皇陛下がその年に収穫された米をはじめとする作物を神々に捧げられるという宮中《きゅうちゅう》祭祀《さいし》が行なわれています。新嘗祭のはじまりは「日本書紀」によると5世紀の仁徳天皇の時代。起源は弥生時代まで遡るとされています。日本人は古来、自然の恵みに感謝しながら、食と信仰を繋げて大切にし続けた民族なのです。

しかし、大東亜戦争で敗北してから、ＧＨＱの策略などによって新嘗祭という名称や祭日も抹消されて、日本人の食に対する考え方は大きく歪められました。忙しいからと加工食品を食べるのが当たり前になってしまい、天然素材を生かす調理法や伝統的な和食をないがしろにする傾向が強くなっています。

そうして食の事情が変わるのと比例するかのように、日本人が罹患する病気の種類も戦後に一変しました。現在は、多くの日本人が生活習慣病に罹《かか》り、年間40兆円以上の予算を医療に投入せねばならなくなり、それが日本の財政を圧迫して、ひいては日本人の家計を苦しめることに繋がっています。「医食同源」という言葉がありますが、我々の体は食べたもので作られています。何を食べるかで、健康状態も精神状態も変わるのです。

参政党はその「当たり前」をもう一度皆で確認して、食の大切さを通して、健康や予防医療を考えて、結果として無駄な医療費をかけない形にして国の財政も改善してゆきたいと考えているのです。

Q45 今後、日本の農業を活性化させるためには、どのような政策を実施すればよいと思いますか？

A 食料安全保障も考えて政府が諸外国並みに農業を保護して、農家の平均所得を増やすことです。また、オーガニックの農産物を増やすことで、国民の健康と農家の所得を増進するのも有効な施策だと考えます。

農業は肉体的に多大な負担がかかる職業です。また、基本的には自営業かつ天候や自然現象によって収穫量が左右されるという特性も存在するため、企業勤めのサラリーマンや公務員に比べると安定した収益が見込めません。

農林水産省によると２０２１年の個人経営体の農業所得の全国平均は、１１５・２万円でした。つまり、大半の農家が過酷な労働を強いられているにもかかわらず、本業だけでは十分な収入を得ることができずに副業を行ない、高齢者の場合は年金を受給しながら担っているというのが実情です。農業従事者の数も減少の一途で、23年には約１１６万人となっており、平均年齢も68・7歳と高齢化が進んでいます。

参考に他の第一次産業の現状を見てみると、漁業従事者の21年の個人経営体の平均所得は約114万円にとどまっており、漁業就業者も一貫して減少傾向にあり、13万人を下回っています。林業も同様、平均所得は103・8万円（2018年）、従事者は3000人程度にとどまっています。そのような状態であるため、現在の日本では農林水産業に就職することを希望する人は多くありません。

欧州では、農業や漁業など食糧生産に関する職業は、自然環境や国土を守るという役割を考えて国家の政策で保護されて厚遇されています。日本でも同じような政策を行ない、第一次産業従事者の所得の保障を進めれば、新規就業者を増やせますし、地方の経済を活性化できます。

そして、読者の皆様はご存じのように、日本の食料自給率はわずか37〜38％まで低下しており、世界の流通が止まれば一番先に飢えてしまうのは日本人だという海外の研究機関のレポートもあります。食料安全保障を考えても、第一次産業従事者の育成とサポートは日本の喫緊の課題なのです。

日本の食料自給率を上げるのにカギとなるのが、現時点では国内で100%生産している米の消費量をいかに増やして、米農家の所得を安定させるかということです。古来、日本人の主食は米でした。それが敗戦後のアメリカの占領政策により「米を食べるとバカになる」という説を、御用学者を使って刷り込まれた結果、日本人は年々アメリカから輸入される小麦を食べるように仕向けられてきました。その結果、米よりも小麦の消費量が多くなりつつあるというのが日本の現状です。

日本で作られた米を食べずに輸入に頼る小麦ばかりを食べるというのは、食料危機が想定される今日では、全く合理性がありません。政府は国民が米を消費するような政策に予算を充てるべきです。現在の技術ならば米粉でパンも麺も作れるわけですから、学校給食の主食の材料は全て米にする、米を使った食品に助成金を出すなどして、積極的に米の消費を勧めるべきです。

政府の政策で米の消費が増えて米価が上がるようになれば、生産者の所得が増えます。所得が増えると従事者が増えて、従事者が増えると競争や技術革新が進みます。米の生産の競争を価格ではなく質を争う形にして、長期的視野に立って化学肥料と農薬をなるべく使わないようにしてゆけば、外国からの肥料や農薬が手に入らなくなったとしても慌てる必要がなくなります。特に学校給食を米飯で利益の取れるオーガニックなものに変えてゆけば、米の消費と農業者所得を上げる結果になるでしょう。

もう一つの提案は、生産者を守るために余剰生産物の買い取り制度を作ることです。海外では当たり前に行なわれている政策で、特段農業従事者を優遇する結果にはならず、買い取った食料を生活困窮者に配布すれば貧困支援にもなります。農業従事者の所得を上げて、憧れの職業になるような制度設計を考えれば、高齢化が進み、10年後には従事者がいなくなると危惧されている日本の農業を救うことができます。

Q46 食料危機には、どう備えればいいのですか？

A 個々人のレベルでは、非常食を最低でも1週間分は確保し、できれば日ごろから農家とつながりを持っておくことをお勧めします。国家レベルでは、食料自給率100％を早期に達成することが必要です。

個々人のレベルでは、自然災害への備えも兼ねて、最低でも1週間分の非常食を準備しておくことが必須です。米などの穀物は数年間保存がきくので、長期間分の備蓄をお勧めします。さらに、食料危機が長引いた際にも食料を調達できるよう、日ごろから信頼できる農家から食料を購買して、緊急時にも継続して供給いただけるようにしておくのも重要です。また、可能であれば、ベランダを使っても良いので家庭菜園で野菜などを常に育てておくというのも助けになります。

ただ、個々人が準備したとしても当面の食いつなぎに限定されるので、国家レベルの食料確保が必要なのは言うまでもありません。

国家レベルで達成するべき事業は、カロリーベースで37～38％程度しかない日本の食料自給率を早期に100％にする、米などの保存がきく食糧を長期間分、できれば3年分は備蓄しておくといったことが考えられます。しかしながら、日本政府はいつまでたっても自給率100％達成に向けた道筋を示さず、日本国民全員に対する食料備蓄量もわずか数か月分（米約100万t、輸入小麦2、3か月分）しかありません。また、食料のみの自給率は30％台ですが、種子や化学肥料の原料（尿素、リン安、塩化カリウム）は、それ以上に海外頼りになっています。

自給率100％を達成するためには、まずは国産率が高い米の消費と生産を拡大することが主な課題となります。米の消費量拡大のためには国内での消費量を高めるための方策のみならず、海外への輸出により国内生産量を増やして、有事の際には輸出分を国内消費に回すことで実質的な自給率を向上させることもできます。

また、国内消費量アップのために、小麦粉から米粉への転換および国産品の購入を促進する「NIPPON FOOD SHIFT 運動」の徹底的サポート（例：対象食材購入の場合、金銭やポイントを支給する）も有効と考えられます。国産化（地産地消）の推進は、地球環境保護の観点からは輸送費（エネルギー）の抑制になりますし、国民の健康維持の観点からも有効となります。

水産業についても、世界の中で日本だけが衰退の一途をたどっていますので、養殖業を拡大しつつ魚介類の消費を促していくことも重要です。

フードロスについては、年間およそ570万ｔにも及び、米カロリー換算で自給率15％相当という大きな数字となっています。これを半減できれば、自給率を7～8％向上させることが可能となります。

こうした取り組みにより、名目上の自給率を高めておけば、有事の際は備蓄の開放により国民が飢えに苦しむ心配はなくなります。

Q47 日本人の食生活は、どのようにして歪められたのですか？ また、そのきっかけとは？

A　大東亜戦争後、ＧＨＱによって意図的に小麦を使った食品が日本人の食生活に取り入れられたことが主な要因です。

大東亜戦争終結後、ＧＨＱによって、日本にはアメリカ産の小麦が大量に輸入されるようになり、輸入小麦を消費するために、学校給食を手始めに米食からパン食への変換が推奨されるようになりました。

中東や西洋の文明が世界に広がるにつれてインドや中国にまで伝わり、小麦食文化が拡大してきたと見られています。欧米人が「グルテン」というがんやアレルギーなどを起こすおそれのあるタンパク質性の免疫撹乱物質が含まれている小麦製品を大量に摂取しているにもかかわらず、がんの発症率が日本人より低い理由は、欧米人が長い間小麦を摂取し続けた結果、小麦に対する耐性を獲得したのが要因と考えられます。これは、日本人が古来、魚を摂取し続けたことで、水銀などの重金属に対する耐性を獲得したのと同じ理屈です。裏を返せば、日本人は小麦に対する耐性を獲得していないということです。

日本人は昔から大麦を食べていたのに、なぜグルテンへの耐性がないのか？　それは、小麦と大麦は同じイネ科ですが、その組成はだいぶ異なり、大麦粉にはほとんどグルテンは含まれていないからです。

日本人の小麦摂取量は年々増加し続けているのですが、それに応じて大腸がんや小腸がんの発症率が増加しているというデータが存在します。明確なエビデンスはまだ出ていませんが、因果関係がある可能性は否定できず、公的な機関に、しっかりとした検証をお願いしたいところです。

また、国産の小麦とは違い、輸入小麦の場合はポストハーベスト農薬が散布されており、それが日本人の健康に悪影響を与えているという懸念もあります。政府は地球環境保護を声高に叫んでいますが、そうであれば、我が国の気候風土になじみにくい小麦を摂取するよりは、気候風土にマッチした米の摂取を推進することで地産地消も進み、地球環境にも国民の健康にも優しい食の循環が実現できます。

食料安全保障の観点からみても、ほぼ自給率１００％の米の消費が減少する一方、自給率が2割にも満たない小麦の消費が増加し続けている現状では、わずか30％台の食料自給率の改善も困難となります。小麦作への転作を推進するのではなく、稲作を拡大して食料自給率を上げていくことが重要となります。
参政党は、小麦食よりも日本人本来の主食である米を中心とした和食を推奨して、地球環境にも国民の健康にも優しい社会の実現を目指しています。

Q48 食品には残留農薬、抗生物質、ホルモン剤、添加物、遺伝子組み換え、ゲノム編集成分が入っていると聞きますが、健康への影響をどう考えているのですか？

A 過剰な化学農薬、化学肥料、抗生物質等は国民の健康だけでなく自然環境への悪影響も懸念されていますので、可能な限り使用や摂取を抑えることが必要です。

現在日本で使用が認められている農薬は4000種を超えていますが、有効成分としては617種（2024年1月時点）、添加物は、指定添加物として475品目（2023年7

月時点）、既存添加物として357品目（2020年2月時）、遺伝子組換え食品は9品目333品種（2024年3月時点）となっています。

政府は、科学的に検証・評価して安全な基準値を設定しているので健康リスクはないとする見解を示していますが、私の肌感覚としては、非常に多くのリスクがある成分が入っていると感じています。

遺伝子組み換え品のリスクについては、まだ発明されてからの歴史が浅いため、中長期的な影響は現代の科学レベルでは明確になっていません。それにもかかわらず、年々承認数が増えていく一方、食品表示では、従来は5％未満の含有率なら「遺伝子組み換え品でない」と表示可能でしたが、現在では含有率が0％でないと、表示が不可能となっています。ただ、食品の生産・流通過程で多少遺伝子組み換え品が混入する可能性をメーカー側が考慮した場合、実質的には遺伝子組み換え品ではないのに、それを表示できないという形になります。それは消費者にとってデメリットでしかありません。

ゲノム編集食品に至っては、「自然変異とゲノム編集との差異は判定できない」と称して、表示さえも義務付けられていません。製品にゲノム編集したか否かをメーカー側は知っているはずなので、それを正直に表示するよう法制化すれば良いだけと思いますが、なぜ実現できないのでしょうか？

また、「あきたこまちＲ」などで話題となっている放射線育種米（または、それを親株とする個体）は、人体に悪影響がある土壌のカドミウムを吸収しないように開発された品種ですが、実際は自然環境下ではありえないような強い放射線を照射することで遺伝子を変異させたものであり、健康への悪影響は否定できないと考えられます。少なくとも、通常の米と放射線育種米が区別できるよう表示して、消費者が選択するための情報を提供することが必要と考えています。

畜産物の食肉の場合、抗生物質やホルモン剤などが使用されたものが多く流通していますす。政府は、法令に則り定められた基準値以内だから問題はないとしていますが、少なくとも、どのような動物医薬品、抗生物質、ホルモン剤などが使われた食肉であるか、消費者が情報を得ることができるように表示（ないしはＱＲコードなどを使ったリンク表示）を義務化すべきです。

最近話題になっている昆虫食や培養肉ですが、栄養学的に考えれば必要な栄養素を摂取できるのでしょうが、このような食材の開発に力を注ぐ前に、タンパク源である大豆など作物の国内生産を推進するのが先決です。昆虫食など、どのような健康リスクがあるのか現時点では全く不明です。

いずれにしても、食は国民の健康に直にかかわる要素ですから、できるだけ農薬等を使っていない食材の流通・販売をサポートして、消費者が取捨選択できるよう細かな情報を表示していくべきです。健康的な食材を人々が摂取することで、中期的には医療費の削減、健康寿命の延伸にもつながります。

Q49 農業、特に稲作は地球温暖化を促進するもので、規制が必要とは本当ですか？

A 我が国の農林水産分野の中では、稲作は温暖化促進物質の排出量の１／４を占めますが、農林水産分野が我が国の排出量全体に占める割合はわずか４・２％に過

ぎず、それよりも、直接的に自然環境に影響のある化学肥料・農薬の低減を目指すべきです。

水田から大量のメタンガスが放出されている事実が一部で問題視されているようです。我が国の農林水産分野の中では、稲作は温暖化促進物質の排出量の1／4を占めますが、日本の排出量全体に占める農林水産分野の割合は4・2％に過ぎません。さらには世界の排出量総量に対する日本の割合は、わずか3％ほどです。

日本全体で頑張って温暖化促進物質の排出量を半分に減らしても、世界全体に換算すれば1・5％削減するだけです。この数字は、排出大国であるアメリカや中国が少しでも排出量を増やすだけで、打ち消される程度のレベルです。ましてや、稲作における排出量を削減する策（中干しなど）を実行したとしても、日本国内ですら誤差の範囲にとどまることは数値上明らかです。

稲作のメタンガス削減にエネルギーを費やす暇があるならば、自給率改善のための生産性向上、化学肥料・農薬の低減による自然環境への直接的悪影響の抑制に注力するべきです。

食料安全保障の観点から、いざという時に国民が飢えないために、食料の自給率を上げていくことが最優先事項です。

Q50 参政党は慣行農法を否定して、有機や自然農法を推進しているのですか？

A 慣行農法を否定しているのではなく、自然環境や国民の健康を考慮した結果、少しずつ有機農法、自然農法にシフトしていくべきだと考えています。

「慣行農法」という言葉に定義はありませんが、一般的には各地域において多くの生産者が実施している農法を指します。日本の慣行農法では、作物ごとの基準に従って、化学農薬や化学肥料が投入されています。

他方、化学農薬・肥料の使用を控える有機農法*は、主要国ではその割合が年々上昇しているのに対して、我が国では耕作面積に占める有機農法の割合は、わずか0・5％以下に留まっています。

有機農法の推進は、生態系の環境保全の意味からも今後力を入れていくべき施策であり、農水省の「みどりの食料システム戦略」において、環境への負荷を低減するために、2050年までに耕地面積の25％（100万ha）を有機農業に転換、化学肥料を30％削減、化学農薬を50％削減するという目標を掲げています。

現在、化学肥料の原料の大半は輸入に頼らざるを得ない状況ですので、食料安全保障の観点からも、化学農薬・肥料の使用を低減していくことは重要です。

化学農薬・肥料を使わないと作物の収量が減少するという意見もありますが、土壌の力を最大限生かす自然農法を行ない、慣行農法に比べて遜色ない収量を生み出す事例も数多く発生しており、10～20年単位で収量を維持・拡大しつつ日本の農業を有機・自然農法中心に転換することは可能だと考えています。

参政党は、食料自給率を上げるために慣行農法の農家も応援します。しかし、健康や自然環境、農家の所得向上を考えて、まだ日本では普及していない有機農法や自然農法にもスポットを当てて、皆さんと一緒に育てていくことに尽力したいと考えています。

＊有機農法の定義（農水省ＨＰより）：

1．化学的に合成された肥料及び農薬を使用しない

2．遺伝子組換え技術を利用しない

3．農業生産に由来する環境への負荷をできる限り低減する

Q51 お店で売られている加工食品のラベルに書いてある表記はそのまま信じてもいいのですか？

A 食品表示に関する法律に十分ではない点があるため、実際には加工食品に添加物が含まれていても、一定の条件を満たせば記載しないまま販売されていることがあります。

食品添加物は、食品の色や風味を向上させたり、保存期間を延ばしたり、見た目や質感を改善する目的で使用されるものです。もちろん、全ての添加物が悪いというわけではありません。食塩、酢など、昔から使われている自然由来成分もあります。一方で、石油などを原料として人工的に作られた化学合成添加物もあります。問題なのは、この化学合成添加物の中には、体内で分解されにくく、長い時間をかけて内臓にダメージを与えて、病気の要因になる可能性があると指摘されている成分があるということです。

そのような添加物に関する問題なども含めて消費者の食品の安全性への関心が高まる中、2015年4月に「食品表示法」が施行されました。この法律は、一般消費者が自主的に食品を選びやすくすることを狙いとして定められたものですが、様々な問題点が指摘されています。

その一つが、条件を満たせば、添加物を製品の原材料として記載する必要がないという「キャリーオーバー」という制度です。あるメーカーが原材料の製造や加工の過程で添加物を使用した場合でも、別のメーカーが、その原材料を用いて食品の製造をする際に、原材料に使われた添加物を新たに使用せず、最終的に添加物が効果を示さなくなると判断された場合、食品を作ったメーカーはその添加物の名称を記載しなくても良しとする内容です。

この制度の問題点は、添加物の効果が持続するかしないかの判断が、食品を製造するメーカー側に委ねられているところにあります。極端に言えば、仮に人体に悪影響を及ぼす可能性がある添加物が原材料に大量に含まれていたとしても、その原材料を使って食品を製造するメーカーが「効果がないほど微量」と判断すれば、その添加物の名前をラベルに表示する必要がなくなってしまうのです。

具体例として、コンビニなどで販売されている弁当に入っているハンバーグを考えてみましょう。ハンバーグには合い挽き肉が使用されていますが、仮に原材料の肉に大量の成長ホルモン剤が使用されていたとしても、ハンバーグを製造するメーカーが問題ないと判断すれば、添加物ゼロという表示で弁当の製造業者に販売することが可能です。つまり、弁当の原材料に大量の成長ホルモン剤が入っていたとしても、「成長ホルモン剤」と記されることなく店頭に弁当が並んでしまうのです。

このように、現在の食品表示法では、一般消費者が安心して商品を選べる状態が実現されているとは言い難く、参政党としては、消費者が求めている情報が的確かつ海外と同程度の基準で表示されるように、法律の改正を訴え続けます。

Q52 日常生活において健康的な食生活を送るためには、どうすればよいのですか？

A 食材は、日本人の体に合うもの、国内で生産されたものを選ぶことを意識しましょう。そのためにも、食品表示を確認して選ぶことを習慣にしましょう。

食材を購入する際は、日本人の体に合ったものを選ぶのが重要です。前述したように、日本人の食習慣は大東亜戦争後に米食中心からパンなどの小麦食中心に大きく歪められました。小麦に含まれるグルテンに対する耐性のない日本人が小麦中心の食習慣になった結果、がんやアレルギーなどの発症率が高まっているとも言われています。健康的な食習慣を取り戻すためには、まずはパン食から米食への切り替え、あるいは米粉を使ったパンや麺に切り替えるところから始めてみることをお勧めします。また、お米と合わせて、伝統的な和食に注目するのも良いでしょう。食事の際に漬物や味噌汁、各地域に伝わる伝統食などを一品加えてみるのも、日本人の体に合う食生活への見直しを手軽に始める方法としてお勧めです。

また、国内で生産された新鮮な食材を選ぶ意識を持つことも重要です。たとえ原産国が外国の食材の場合でも、なるべく日本で生産されたものを食べるようにしましょう。輸入食材には、日本との気候風土の違いなどから、生産過程において日本では使用されない農薬が使われているケースがあります。遠い日本に運ぶために防カビ剤が使用されることもあります。

具体的な例で考えてみましょう。例えばジャガイモ。アメリカ産のジャガイモについては残留農薬の問題が指摘されています。国内ではほとんど使用されない害虫を駆除するための農薬が検出されているのです。残念ながら、現在のアメリカ優位のシステムの中では、アメリカ産の生産物を消費する必要があるので、前述のような食材も法的に問題ないものとして流通しています。危険性の高い食材を選ばないようにするためには、国内産の食材を意識的に選ぶようにするのをお勧めします。

さらに、食品表示をしっかり確認することも必要です。例えば、小売店で野菜を購入する際はできるだけ農薬など化学薬品を使っていないもの、魚を購入する際はできるだけ天然物と表記されているものを意識的に選ぶようにしましょう。ただ、食品表示に関しても問題があるため、本当に無農薬栽培、天然物であるかは一般の消費者には十分に判断できません。

そこで、参政党では、この問題を解決するために、党員有志が集まり「おはよう市場」という流通の仕組みを立ち上げました。おはよう市場は、農薬や化学肥料に依存しない持続可能な農業に取り組む生産者と、それを支持する消費者をつなぐためのプラットフォームになっています。購入を希望する消費者は、スマートフォンにアプリをダウンロードすれば、誰でも参加できます。一方、生産者側は日本よりも厳しいヨーロッパの基準を踏まえて定められた独自の基準を満たした方しか認められません。そのため、消費者は自分が選んだ生産者から、安心して食材を直接購入することができるのです。参政党は、人々が安心して購入できる食材を手に入れやすい社会になるよう、引き続き実践的な取り組みに挑戦しつつ、政策面でも、そのような社会の実現につながる政策を訴えてゆきます。

Q53 日本近海の魚が取れなくなって海外からの輸入が増えていますが、なぜ魚が取れなくなったのですか？

A 日本の水揚げ量が減っている本当の原因は、水産資源を管理せず、乱獲を続けた結果だと分析できます。国際的には、漁業先進国と同等の資源管理を行なうことで水産資源は再び増えることが確認されています。

海に囲まれて水産資源に恵まれていた日本の水産物の水揚げ量が年々減少しています。世界中で水産物の需要が増加している中、海外からの水産物の輸入量も減少しており、年々国内で流通する水産資源の総量が減っています。現在、世界の漁獲量は年間約９０００万トンですが、今のままの減少ペースが続けば、２０５０年には５０００万トン分の水産物が不足すると言われています。

我が国の漁業の水揚げが減った理由とは何でしょうか？　マスコミや世間では、近隣諸国の漁船が漁っているとか、温暖化による海水温上昇による魚の生息場所の変化やプランクトンの減少などと言われていますが、それらは正しい分析でしょうか？　外国の漁船が来ない地域の水揚げ量も減っており、海水温の上昇は日本のみならず世界中で発生していますが、全体的な水揚げ量が減っているのは日本だけです。

日本の水揚げ量が減っている本当の原因は、水産業者が水産資源を管理せず、乱獲を続けた結果だと分析できます。

実は政府もこの問題を解決するために２０２０年より資源管理の手法を取り入れて、魚種ごとに取って良い量（漁獲可能枠）を定めて水産資源の回復を図っているのです。しかし、現在の漁獲可能枠の設定値と実際の水揚げ量との間に差があるため、実際には漁業者は取れる水産資源は全て取る。小さい魚や産卵期のメスまでも取ってしまうといった以前と変わらぬ状況が続いており、国内の水産資源の減少には歯止めがかかっていません。

ノルウェーをはじめとする漁業先進国では、過去の乱獲による資源減少の反省を踏まえて、科学的知見に基づいて水産資源の量を調査して、個体数を維持できる漁獲可能枠を設定して、漁業者が質の良い魚だけを取る環境を整備することにより、水産資源の回復と同時に漁業者の収益を向上させるという成果を達成しています。労働環境や収益が改善された国では、漁師は人気の職業となり、後継者も次々と育っているようです。

こうした実態が国民に知れわたり、我々消費者の意識と消費行動が変われば、日本の水産業も十分に復活の可能性があります。

第7章

科学的に正確な医療についてのQ＆A

Q54 参政党はなぜ当初から新型コロナワクチンの接種に慎重な姿勢をとっていたのですか?

A 小さな被害を過剰に大きく見せて、国民に恐怖感を与えて一定の方向に誘導しようとする政府やマスコミの在り方に疑問を感じていたこと、また、参政党のメンバーは歴史と国際情勢を学んでいるので、過去にも同じようにミスリードされるケースがあったことを知っていたため、慎重な姿勢をとるのが国民の健康や命を守ることになると考えたからです。

新型コロナワクチン感染症に対する政府の対応や偏った報道には、当初から違和感を持っていました。

例えば、日本人はもともとコロナウイルスに対する免疫を持っている人が多かったと言われており、感染者や死亡者が欧米諸国に比べて少ないという状況がありました。それにもかかわらず、飲食店などの開店時間を一律に制限する、欧米諸国のようにロックダウンするべきだという論調が報道でも多く取り上げられて、コロナウイルスは恐ろしい病原体だとメディアが煽っていました。

マスクについても、科学的にはほとんど感染防止効果が認められていないにもかかわらず、いかにも有効かのような喧伝が行なわれて、マスクなしで街中を歩けないような論調が幅を利かせていました。

偏った報道や政策の後に、それらに対する唯一の解決法が新しいタイプのmRNAワクチンの接種だという触れ込みで登場したわけです。mRNAワクチンについては、新型コロナ感染症の発生以来、わずか2年足らずで「完成」した上に、その予防効果は当初95%以上と宣伝されていました。

また、マスコミも政府も自治体も接種は自己判断と言いながら接種リスクにはほとんど触れずに、打たない人は「思いやりのない人間」扱いしました。その一方、ワクチンのリスクに関する情報をYｏｕＴｕｂｅなどで流すと、医者・学者が根拠を正確に示したものですら、ことごとく削除されました。このような異常な状態を総合的に考えて「ワクチン接種をどうしても進めたい」勢力によって政府もマスコミも動かされているのではないかと感じて、当初からワクチン接種に慎重な姿勢を取り続けてきたのです。

政府は時として国民に嘘をつきます。皆さんも真実を知りたければ薬害エイズや公害の事例などを調べてみてください。こうした嘘の背景には必ず利権構造が見えてきます。それは医療の分野だけに限ったことではありません。参政党は、歴史と国際社会の仕組みを一緒に学びましょうと皆さんに訴えています。その構図がわかると政府の誤った政策やマスコミの誤った意図的な誘導を、我々国民が主導権をもって正してゆくことができるようになると考えています。

Q55 新型コロナワクチンの接種を総括すると、どのようなことがわかりますか？

A 政府は、新型コロナワクチンによって健康被害が出ることをある程度予見しつつも、国民に接種を勧めて、そのリスクをマスメディアが報道したり、SNSで拡

散されることを抑止していたと考える方が合理的ではないかと言えます。

日本政府は、2021年から合計9億2840万回分のコロナワクチンを2兆円以上かけて購入して、当初は2回接種すれば良いと宣伝していましたが、やがて7回以上もの接種を勧めるようになり、その一方で残ったワクチンを計2億4000万本破棄しているような状態です。その上、コロナワクチンについての政府と製薬メーカーとの契約内容は公開されず、製薬会社に損害賠償を求められないルールとなっています。

こうした事実を前提に、国の予防接種法に基づく予防接種健康被害救済制度を見てみましょう。すると、1977年2月から2021年末までのおよそ45年間の累計でMMRやBCG、日本脳炎ワクチンなど、新型コロナワクチンを除くと3522件の健康被害が認定されています。一方、新型コロナワクチンは、接種開始の21年2月17日から24年1月31日時点までで、6088件の健康被害が認定されているのです。このうち死亡一時金や葬祭料などの死亡例の認定は453件に上り、およそ45年間の全てのワクチンの認定件数の累計を新型コロナワクチンだけで上回っている上、現在、約600件が審議中の状況です。

このような極めて異常な事態であるにもかかわらず、一部地方テレビ局を除き、主要メディアは、こうした事実や毎月４回の審査会が認定結果を公表している状況について、ほとんど報道していません。

欧米では、新型コロナワクチンの有効性や後遺症を訴える訴訟が相次いでいます。本来ならば、まずは接種を直ちに中止して、製造元である製薬会社に対して徹底した原因究明を指示すべきです。

それに対して、紅麹サプリで摂取者に健康被害が生じたとして、製造元の小林製薬に対して、厚生労働省は直ちに立ち入り検査を行なっています。この時、紅麹サプリ摂取が原因とされる死者数は５名（２０２４年３月29日時点）でした。

このような事情があるにもかかわらず、死者数、健康被害申請者数ともに紅麹サプリを大幅に上回る新型コロナワクチンについては、政府は検査や指導を特に行なうこともなく、24年度も一部自己負担が求められる「定期接種」という形ではありますが、私たちの税金を投入して新型コロナワクチン接種を継続すると決定しています。

こうした事実の積み上げを確認すると、新型コロナワクチンによって健康被害が発生するのを政府はある程度予見しつつも、国民に接種を勧めて、そのリスクをマスメディアが報道したりSNSで拡散されることを抑止していたと考える方が合理的ではないでしょうか。我々はこうした教訓から学び、その背景をしっかりと分析する必要があると考えます。

Q56 少子高齢化により我が国の社会保障費が増大して、現役世代の社会保険料の負担の増大が問題になっていますが、対策を教えてください。

A 患者も病院も過剰医療を受けない・行なわないことを意識し、健康的な生活を行なう意識を持つ、意識改革が重要です。

現役世代の負担は２０１０年から２０２０年の間に約46％も増加し、また22年時点で税金・社会保険料などの国民負担率は47・５％と非常に大きな負担となっています。原因として少子高齢化が進んでいるからと説明される機会が多いですが、真の原因は他にもあるようです。その一つが過剰医療の問題、もう一つが高齢者に対する医療の内容に関する問題だと、参政党は捉えています。

過剰医療の問題については、日本には国民皆保険制度があるため、いつでも・誰でも必要な医療サービスを受けることができますが、これは民間の医療サービスが広まったことが大きく貢献しています。ただ、民間であるがゆえに、国民の健康よりも、病院の経営のために不要な入院を勧めて空き病床を無くしたり、不必要な投薬を勧めるといった利益を追い求める経営が優先されている懸念があります。我が国は単位人口あたりの病床数が世界で最も多く（ＯＥＣＤデータ　２０２１年度）、病院経営のために多くの入院患者を求める傾向が強いと考えられます。また患者側も自己負担が少なく、医療知識も乏しいことから、医者から勧められるがままに治療や投薬を受けている可能性も指摘されています。

高齢者に対する医療サービス内容の問題について、健康的に生活できる年齢と平均寿命の間には、男性で約9年、女性で約12年の差異があります。平均して男性で5年、女性で12年間、後期高齢者として病院で治療を受けるわけですが、この期間の病状は老化現象に起因することが多く、完治は難しいケースが多くなっています。後期高齢者を無理に治療しようとすると過剰に投薬する形になってしまうのです。

人間は年を経るにつれて、様々な病気を経験しながら人生を歩む姿が自然です、高齢者が尊厳を持って人生を終えるために、老化に対して医療がどのように関わっていくか、この点をもう一度皆で話し合うことが重要です。

また、かかりつけ医制度を設けてプライマリーケア*を導入するという方式も、一つの解決策になると期待します。この問題に関しては、現役世代と高齢世代が対立するのではなく、問題の本質を見極めた上で協力して解決の手段を導き出すことが可能だと考えます。

＊プライマリーケア：患者の相談を受けて初期診断を行ない、必要なら適切な医療機関につなぐ総合医療の意味

Q57 今後、日本の医療業界を活性化させるためには、どうすればよいのですか？

A 〝病院は病気を治す場所〟から〝病気にさせない場所〟への転換、健康な日本人を増やす医療業界への方向転換の実現が必要です。

「夕張ショック」という言葉があります。2007年に北海道夕張市（住民の約半数が高齢者）が財政破綻して公共の病院が縮小、ベッド数が破綻前の10分の1になってしまいました。ところが、その後の夕張市では医療崩壊も発生せずに市民が病院要らずの健康的な生活を送っていた事実が判明して、話題となった事例です。

日本国民の多くは無意識のうちに「無医村地帯の人は大変だ」というイメージを持っており、病院を日本中に造らなければいけないと考えています。しかし、夕張市の場合、病院が縮小したのを機に住民が自分自身で健康に注意するようになり、その結果、自ら必要な医療サービスを取捨選択することで精神的に豊かな生活ができる可能性を示しました。

現在の医療システムで収入を得る方法は、病気に罹《かか》った人に対する治療行為だけですが、治療行為に加えて予防医学や免疫強化を国民に指導して、病気になりにくい、自己免疫の強い人を増やして収入を得られる仕組みに変更すれば、罹患者が減少して、医療費も削減できる可能性が生まれます。また、病気に罹った人よりも健康な人が増加した方が社会は活性化して発展にもつながります。

また、日本国民が国の保険制度を使用しない代わりに、税金の減額など公共サービスの優遇を受けられるというシステムにすれば、モチベーション向上の手段になるかもしれません。

上記の提案を実現するためには、かかりつけ医（総合診療医）の制度を作り、医師が担当の患者の健康を管理する仕組みと、適切な専門医に患者を振り分ける役割を持たせる形にするのが必要でしょう。このような形にすれば、かかりつけ医と患者の間の人間関係が醸成されて、医師が適切な健康指導を行なえば患者の健康に対する意識の向上と責任が生まれて、社会全体の健康率の上昇も期待されます。

現在の医療システムでは、病院がお金を得るために入院患者を増やす、製薬メーカーの売り上げを伸ばすために不要な薬品を処方する、などといった本末転倒な事態が増えていくでしょう。医療の現場で働いている志のある医療従事者、患者、そして国民のためにも過剰医療のような不適切な行為が行なわれないようにするために、日本の医療システムを従来の医療行為に加えて「健康な人を増やす」インセンティブが得られる形に変えていく必要があると考えています。

第8章

国まもりに関するQ&A

Q58 参政党の重点政策の一つの「国まもり」とは、どのような考えですか？

A 戦闘行為への対策だけではなく、情報戦や経済戦を含む総合的な対策が必要だと考えています。

国政政党の政策では、一般的には国家を守る行為を「国防」と表現するのですが、国防という言葉から、戦闘に関連する軍事的な行為をイメージされる方が多いと考えました。自衛隊や憲法の問題も大切ですが、参政党は、その前の段階で議論するべきテーマが多くあると認識しています。

そもそも、戦争は何のために行なわれるのか。それは相手国に言うことを聞かせるため、支配するためです。そして、相手国を支配するためには、情報やお金の力でコントロールする方が軍隊や兵器を使うよりも効率的です。よって現在の戦争は、人々が殺し合いをする前に、情報戦や経済戦で勝負がつくことの方が多いという事実を訴えて、そちらの対策を優先的に行なうべきだと考えています。

平和ボケしてしまった日本国民には刺激が強すぎる話かもしれませんが、あらかじめ事実を伝えなければ、危機感を持つ国民と、戦後教育でリベラルな思想を刷り込まれた国民との間に分断が生じてしまい、政策を訴えること自体が「国まもり」にならないという矛盾にぶつかってしまうのです。

国民に事実を伝えた上で、国の総合力を土台として国まもりのために必要な施策を展開していく形になります。国の総合力とは、政治の力（外に対しては外交力）、防衛の力（抑止力にもなります）、経済の力（技術力も含みます）、情報の力、文化の力など全てを含みます。国の力が強ければ国のまもりが堅くなります。

軍事戦争に限らず情報戦や経済戦に勝ち抜くためにも、国の総合力の強化を進めてゆく必要があります。

Q59 参政党は「国まもり」を掲げていますが、具体的にはどのようにして日本を守ろうと考えているのですか？

A 日本はいまや、軍事面での脅威だけでなく、経済取引やサイバー、情報操作や世論工作など、周辺国からあらゆる面で、特に中国から目に見えない侵略を受けています。日本の素晴らしい国土や文化伝統、経済や技術、そして子供たちを侵略から守るために、参政党は軍事に限らないオール・ドメイン、つまり全ての領域において、「国まもり」を徹底的に強化することを目指します。

まず、軍事面から説明すると、参政党は国防の根本は「決意」であると考えています。日本は政治の側でも国民意識においても、この点が曖昧《あいまい》です。参政党は子供たちのために「国を守る」という大人の意識改革を進める政党です。

その上で、国防は、①**決意**、②**外交**、③**力の均衡**、④**断固たる態度**、⑤**核**の5ステップで考えています。この中で③「力の均衡」については、対中国で考えて、現状では量的な意味で中国にかなり差をつけられてしまっている空軍力と海軍力を倍増させます。

実際に武力衝突が起きると甚大な被害が生じるので、相手を支配しようと画策する国家は弱い相手には武力を使って侵略を行ない、強い相手には侵略を躊躇《ちゅうちょ》します。この「力の均衡」により、結果として戦争を防ぐことができます。軍事力を増強すれば、結果的に大きな防衛効果を生み出します。
③「力の均衡」を目指すために、ハイテク・高品質な兵器を製造して非対称的かつ圧倒的な国防力を得ることを目指します。そのために国産技術の開発投資を倍増させます。
④の「断固たる態度」ですが、本来、戦争とは、軍隊同士で行なうものです。やむを得ず戦争が発生した場合、たとえ相手国の国民であろうと無辜《むこ》の民間人を殺さない。日本は、戦争の本来のルールを国際社会に改めて訴え続ける国になるべきです。
なお、⑤の「核」については、今後、アメリカの「核の傘」の防衛機能が相対的に弱まってゆくという現実があるため、日本では核戦略について現実的な議論が必要です。議論している姿を国際社会に示すこと自体が我が国の抑止力となると理解してください。

ただし、何よりも大切なのは国民や政治家たちの「決意」です。決意が無いと、どれほどの防衛力も十分に機能しません。また、ハード面での国防の中心は、核の傘に頼るのではなく、前述のような③「力の均衡」の達成だと考えています。

Q60 日本の領土を守ることはなぜ大切なのですか？ 日本列島周辺の島がなくなっても我々の生活には影響がないのではないですか？

A 諸外国に日本は領土を守る意思がないと認識されたら、全ての領土を奪われる結果につながります。そうなれば、日本は侵略国に服従する形になり、国民が奴隷のように扱われても抵抗できません。

領土を守る行為は国まもりの基本中の基本です。冷酷な現実の国際社会では、弱い国、隙のある国の領土は奪われます。また、国家が弱いと思われるだけでも危険です。ロシアがウクライナに侵攻したのには、様々な背景や理由が考えられますが、ウクライナは弱いとロシアが認識していたのも一因ではないでしょうか。

日本は、大東亜戦争後に北方領土と竹島を奪われて、それぞれロシアと韓国に実効支配を許してしまっている状況です。その理由は奪われた当時の日本が弱かったからです。さらに、現在は尖閣諸島が中国に狙われています。

ある国が侵略してきた場合、「命が一番大切なので、戦わずに領土を差し出せば良い」「他の国に逃げれば良い」といった論を持つ人がいますが、これは誤りです。戦わずして領土を差し出してしまえば、支配はこの領土だけでは済まないのです。ある国が領土を守る意思がないと見なされたら、全ての領土を奪われることにつながります。そうなれば、その国は侵略国に服従する形になり、国民が奴隷のように扱われても文句は言えません。他民族だけでなく自国民に対してでさえ、強制収容所に収容したり、強制労働に従事させたり、移植のために生きたまま内臓の提供を求める国が存在します。そのような国が他国を支配したら、それ以上の惨事が起こると考えて間違いありません。

また、国が支配を受けると国民が支配国の先兵として第三国の軍隊と戦わされる可能性が高まります。この場合、国民は自分の家族を守るために戦うのではありません。支配国の新たな侵略のための最前線に立たされかねないのです。そのような例は歴史上数多く存在します。支配国の都合で国民が命を落とす形になって良いのでしょうか？

日本が支配された場合、生命を脅かされるのは、この本を読んでいる、あなただけではありません。あなたの家族、恋人、友人、そして全ての日本人です。その内の誰かの生命が奪われた時にやっと国まもりの大切さに気付いても遅いのです。

仮に外国に逃げたとしても、状況はあまり変わらないでしょう。繰り返し述べているように、国民を守る責任は、その国民が籍を持つ国にあります。逃げてきた外国人を自国民のように守る国は存在しません。

国が領土を奪われたら、国民の生存権そのものが侵されます。領土を奪われないように、「奪われる前に」できる対策を全て行なうのが重要です。

Q61 中国など他国からの目に見えない侵略(Silent Invasion)や日本への浸透工作に対して、参政党は、どのように対処しようと考えているのですか？

A 参政党は、目先の利益よりも、「国を守る」という国民の意識改革が何よりも大事だと考えています。そのため、「グローバル全体主義」への対抗軸として、参政党は「自由社会を守る国民国家」を新たな政治的立場として掲げています。

具体的な対抗策として、まずは、他国からのサイバー攻撃に対しては、日本のサイバー能力の徹底的な向上を図るのが大事だと考えています。そのためには、日本がまだ十分に身に付けていない「攻撃的な防御能力」の向上が欠かせません。仮に日本の情報機能が停止した場合、敵国から攻撃された瞬間、全ては終わります。そのため、日ごろから不審なサーバーをサーチする必要があります。

ところが、「専守防衛」の考え方など法制面での制約から、現在の日本では他国のサイバー攻撃を監視するのが不可能なのです。サイバー攻撃は直接人を殺すものではないため、「武力行使」ではないと法律で明確化した上で監視体制を作るのが必要です。そして、情報技術の進化といった実態を踏まえて、従来の専守防衛の考え方や日本の法制などについて、再検討を進めることが重要だと考えています。

加えて、サイバー攻撃に関する官民での情報共有や、サイバーセキュリティ構築に対する資産配分の倍増は、参政党が提案したい政策です。

次に、経済安全保障を考えます。日本の技術を安易に海外に流出させた結果、懸念国の軍事力が強化されるという事例が以前から発生していますので、今後は防がなくてはなりません。技術面で日本を守るために、投資国債を活用して、国内での基礎研究など様々な分野で先端技術開発への資源配分を倍増するべきです。研究環境の改善、充実が必要です。

さらに、スパイ防止法の制定、土地取得や企業買収などにおける相手国との相互主義の徹底、「草の根」レベルでの諜報機能やサイバー防衛の強化などにも注力すべきです。

そして、外国企業による日本企業買収を防ぐ基本対策は、コロナ禍で弱った日本の中小・零細企業を再生して外国企業に身売りをしなくても済む体制にすることです。それを実現するために、積極財政でお金の循環を強化するとともに、コロナ融資の返済に対しては「令和のモラトリアム（返済期間の延長）」を行ないたいと考えています。

最後に、言論の自由を守り、海外勢に左右されない報道と言論を確保していくのも、「国のまもり」を行なう上で大事なことです。ＧＡＦＡなど海外プラットフォーマーの日本国内での活動に対する法規制も必要であり、巨額の国費を投資国債で投入してでも日本製ＳＮＳの育成を図るべきです。その際、戦略企業として国が活用すべきＮＴＴなどの株を政府が売却することは愚の骨頂だと思います。

Q62 外国人労働者の受入れや外国人参政権、留学生などについて、参政党はどのように考えているのですか？

A 参政党は、日本の社会や政治、独自の文明やアイデンティティーを守り、未来へとつないでいくことを大切に考えている政党です。このことは、「国のまもり」を考える上で欠かせない要素です。

参政党は、外国人労働者に頼らなくても済むよう、ＡＩ・ロボットを活用することで生産性を高めて、日本人のみで運営可能な活力ある社会を築くことを目指します。国民が日々、膨大な時間を費やしているルーティンワークから国民を解放する力になるのが、社会のデジタル化です。労働のデジタル化で浮いた時間や労力を活用して、人間らしい日本型の「アナログコミュニティ」を振興していくというのが重要です。

日本が受け入れる移民は、日本を愛し、皇統を尊び、日本文化を継承するなど、日本人として国を支えていく意志がある者に限定して、試験などを課していく必要があります。また、期間を定めた外国人労働者や留学生の受入れは、不法滞在などを許さない強固なシステムを構築・管理した上で行なうべきです。諸外国の失敗事例を見れば明らかなように、外国人の受入れ数には限界があります。国体や国柄を壊さないために、受入れ総数を制御することも必要です。また、日本人学生以上に留学生を優遇するのは国益に叶わないので、それを認める制度はすぐに廃止すべきです。

国を運営するのは、主権者である国民です。しかし、日本では運営を担う公的機関（政府関係機関、地方自治体など）に外国籍職員が増加しているのが現状です。外国人参政権も含めて、こういった状況を看過すれば必ず禍根を残すことになりますから、早急な見直しが必要です。

加えて、祖先から子孫へと受け継がれていく日本人としての血統を大事にするべきであるという観点から、世界に冠たる日本の戸籍制度は必ず維持すべきです。「選択的夫婦別姓」は、通称使用の拡大に対する環境整備で対応すべき問題だと考えます。

最後に、「国のまもり」で欠かせないのが、正しい歴史認識と国家意識の醸成です。参政党は、そのための啓発や国民の意識改革の活動が最重要と考えている政党です。

Q63 日本の「上昇曲線の経済」を再構築するにはどうしたらいいのですか？

A 政府や国民のお金を日本の企業に投資して、国民にその利益が配当される仕組みを再構築することが最優先です。政府は消費税などの大規模な減税政策を行ない、国民の可処分所得を増やして、消費意欲を喚起し、財政法４条を改正するなどして、国債を発行して日本の国内でお金が回る仕組みを再構築して、お金を流すことが大切です。

そもそも、日本が長年陥ってきた「景気が悪い」状態は、日本全国における需要不足が原因です。経済は「需要」と「供給」のバランスによって成り立っており、国全体で見た時に需要の総量と供給の総量のどちらが大きいかによって景気の良し悪しが決まります。

需要とは、言い換えれば、「モノを買いたい人や会社がたくさんあること」です。日本人が「モノを買いたい」と思えなくなったのは、お金が入らなくなったからです。かつて日本の経済は安定して成長し、日本人の所得は増えてゆきました。

当時の仕組みを見ると、国民が金融機関（銀行や保険会社）にお金を預けて金利を受け取り、金融機関は高い金利で日本企業にお金を貸し付けるとともに、それらの企業の株を買い、企業側は利益を上げました。すると、企業の利益は金利や株式の配当という形で金融機関に支払われて、金融機関側にも大きな利益が生まれるので、預金している国民に金利を渡せたのです。多い時には日本の金融機関の預金金利は10％近くもありました。10年お金を預けておけば元金が2倍になったわけです。このような状態であれば、国民はどんどんモノを買いたいと思い、日本企業の製品を買って、日本企業がさらに儲かるという「国民―金融機関―日本企業」という黄金のトライアングルができていたのです。

しかし、外圧によって金融機関が日本企業の株を所持できないようになってしまいました。金融機関に代わって日本企業の株を購入したのが外国の機関投資家です。30年前に比べると現在（２０２４年）は、日本企業の株主への配当は7倍近くになっており、大企業は内部留保を５００兆円ほど貯めています。つまり、日本企業は頑張って利益を上げていたわけです。しかし、その利益が国民に流れてこない仕組みにされてしまった。これが日本の家計の需要が低下した原因です。

本来ならば、家計の需要が弱い時期は政府が支出して、需要を作ればよいのです。しかし、かつて政府が行なっていた公共事業が税金の無駄遣いだと批判された結果、年々縮小して、政府が喚起する需要も低下しました。結果、国全体の経済の循環が止まってしまい、税収が減りました。それでも政府が国債を発行してお金を回せば良いのです。ところが、日本にはＧＨＱが我が国の再軍備を防ぐために定めた「財政法４条」という法律が存在しており、国債の発行すら自由に行なえない状態で、かつ政府がプライマリーバランスの黒字化を目標にしたため、日本では長期間、緊縮財政が実施された結果、需要を喚起できなかったのです。さらに悪いことに、収支を合わせるという理由で景気が少し上向くたびに消費税の増税が繰り返された結果、需要が上がる機会があるたびに潰される形になってしまいました。

こうした負の循環を理解すれば解決策も見えてきます。まず、政府や国民が所有するお金を日本の企業に回して、国民に日本企業の利益が配当される仕組みを再構築することです。そして政府は消費税などに大規模な減税政策を行ない、国民の可処分所得を増やして、消費意欲を喚起する。同時に財政法4条を改正するなどして、国債を発行して日本国内でお金が回る仕組みを作りその中にお金を流す形にすれば良いのです。

しかし、こうした抜本的な改革は、日本に投資を行なう国際金融資本家の利益と衝突します。そこで、彼らの理解も得られる方法を考案しなければ国際機関や外国勢力に圧力をかけられる形となるので、「上昇曲線の経済」を生み出す改革は不可能だと付け加えておきます。

Q64 減税には賛成ですか？

A 賛成です。日本の景気回復には、減税は最優先の手段の一つだと考えています。消費税などの消費や投資を抑制する税負担の軽減は、付加価値を生む経済活動を促進します。また、「集めて配る」という非効率な行政業務を減らすという観点でも税制度の見直しが必要と考えています。

税金の目的は、①**経済の自動安定化装置** ②**社会的な〝悪〟の抑制** ③**格差の縮小** ④**通貨の定着**だと、参政党は考えています。先に税金だけを国の財源と考えてはいけないとお伝えしましたが、税金を本来の目的の視点から見ると、消費税は付加価値を生み世の中を豊かにする経済活動に対して罰を科していると言えます。これは健全な状態ではありません。

経済格差の縮小は所得に応じた課税によって行なえるため、消費の内容が社会的な害悪でない限りは、そこに税を設ける必要はないと考えています。その方が制度としてシンプルかつ、仕事で複雑な税制度に対応するために時間を費やしている方々の高い能力を別分野で発揮していただく効果にもなります。また、税金が減少すれば国民も余暇や学びに回せる時間が増やせるので、経済を回すため消費税の減税は必ず進めるべきです。

一方で、現在は民間の金融機関による信用創造（金融機関の貸し出し行為によって世の中の日本円が増える状態）があるため、減税を行なうと政府の期待以上にインフレが過熱してしまう状態になると想定されます。インフレ対策はできる限り平時からの仕組みに組み込むべきですが、行き過ぎたインフレの調整機能としての増税の仕組みは、しっかり考えておくべきだということも付け加えておきます。

Q65 国まもりの財源はどうするのですか？

A 日本は、自国の通貨を発行できる通貨発行権を持つ国です。税収に縛られる必要はありません。幅広い分野の「国のまもり」のために、政府の投資を増やし、防衛力の基本となる国力（供給力）を倍増させることを目指します。

財源については、世間一般に考えられている内容と実態には乖離《かいり》があり、まずそこを正す必要があります。そもそも会計の仕組みは、自国通貨建ての国債残高が貨幣発行高であり、民間部門の黒字が政府部門の赤字という形で成り立っています。

私たち個人や企業が現金や銀行預金を持っている状態を異常だと思う人はいないでしょう。つまり、政府部門が会計上赤字というのは至って健全な状態です。税収分しか支出できないという意味ではないのです。

このように政府の赤字額は本質的には何の意味もない数値なのですが、民間の経済感覚で「借金（負債）は返さなければいけない」と思い込んでいる人が行政側にも多数存在することが、積極財政を妨げている原因です。

この誤解を解くことができれば、経済において需要不足の解消は政府支出により達成可能となり、「上昇曲線の経済づくり」の実現が可能です。経済以外の分野でも、大切な分野には今の日本が発揮できる供給力、すなわち「ヒトや設備やシステムで実現可能な財・サービスを生み出す力」を限界まで注ぎ、一刻も早く他国からの様々な要求を飲む必要がない国力を備えなければなりません。

お金とは、あくまでも道具であり、本当に重要な財産とは富を生み出す国民自身の力です。国民の力を無理のない範囲で発揮させ続けて、将来の危機に備えて可能な限り財産を備えておく必要があります。

Q66 現在の日本ではインフラ整備などの公共投資は悪・ムダであるというイメージがありますが、なぜ今インフラ投資なのですか？

A インフラ整備は国民の生命財産を守るだけでなく、国家の発展を支える非常に大切な事業です。経済発展の基礎にもなるので、将来世代への投資として必要なインフラ整備は計画的に行なうべきです。

２００９年に自民党政権から民主党中心の政権に交代した際、以前から行なわれていた公共事業における談合問題や政官財の癒着が大きく社会問題化して、「コンクリートから人へ」というスローガンが広まりました。以降、日本では「インフラ投資」という言葉に対して、あまりにも悪いイメージが付いた結果、本来必要なインフラ投資までもが制限される形となり、現在日本が直面している深刻な問題を引き起こす要因となっています。

２０２４年元日午後４時10分に能登半島地震が発生した際、被災地まで続く道路が寸断されたため、救助隊の到着が大幅に遅れてしまい、救えた可能性がある命が救えなかったという事例があります。仮に被災地付近まで高速道路が開通していれば、救助隊は迅速に被災地まで到着して、より多くの人命を救うことができたと考えられます。

高速道路や新幹線を始めとする日本のインフラの整備状況は他の先進国と比べると大幅に遅れており、これが日本の経済成長率を下げている要因の一つと考えられています。GDP成長率とインフラ整備の間には相関関係があり、インフラ整備が進んでいる国ほど、GDP成長率が高いというデータもあるのです。

また国がインフラ投資を積極的に行なえば地方へ人材が流れる形になるため、「東京一極集中の解消」「地方の活性化」「少子化対策」にも繋がります。交通インフラの整備により都市部と地方の移動時間が短縮すれば、物価や家賃の高い都市部よりも物価が安く環境の良い場所で子供を育てたいと考える人々が続々と地方に移住するでしょう。同様に高速道路や新幹線の線路が日本全国で網の目のように繋がれば、全国への人々の移動を促すことが可能となり、日本全体を活性化させる効果が生まれます。

インフラ整備は政府が行なうべき施策の中で最も重要であるにもかかわらず、「コンクリートから人へ」という誤った認識の広まりによって日本が成長する可能性の一つが潰され続けたという見方もできます。今こそ我々日本国民がインフラ整備の重要度を正しく理解して、国土開発を進めていくことが将来の世代のための投資となります。

Q67 マイナンバーカードやマイナ保険証の推奨については、どのように考えているのですか？

A 十分なセキュリティとプライバシーを保証できるインフラや制度が整っていない以上、全ての情報を一元化するような仕組みは個人情報保護や安全保障の観点から進めるべきではありません。一方で、社会的な生産性や利便性は期待できるため、あるべき制度や仕組みについては検討を続ける必要があります。

「マイナンバー制度」や「マイナ保険証」は、利便性と生産性をメリットとして導入が推進されています。しかし、ソーシャルセキュリティナンバーという名目で先行する他国の現状を見てみると、他人のなりすましやプライバシー侵害のおそれ、費用対効果が合わないなどの理由で制度が廃止されている例も多くあります。

実際に今までの国内での導入状況を見ると、他人のカードが届いたり、紐づいている情報が他の人のものになっていたり、実際、マイナ保険証が導入できない事態に備えて、臨時の電子非対応カードが発行される方針であるなど、問題が発生していることが明らかになっています。

また、全ての預金口座をマイナンバーに紐づけるなど、行き過ぎた監視社会となってしまうおそれがあるという意見もあり、国民の自由や国民の選択を尊重する参政党としては、大きな懸念を抱いています。

リスクマネジメントの原則は分散管理です。個人情報の保護という点でも、国民の思考特性や行動特性が記録されるビッグデータの誕生を阻止するという点でも、重要な情報を過度に集約すべきではありません。

その一方で、国民の利便性向上や行政側の生産性向上の観点から見れば、マイナンバー制度の導入には明確なメリットがある点は否定していません。個人ごとに一つの口座を紐づけておき、給付金を国民や行政担当者の手間なく即座に届けたり、あるいは病院を転々として薬品を不正に大量入手する事態を防ぐなど、マイナンバー制度を有効活用できる方法は多数存在します。国産の信頼できるセキュリティと万全なシステム、信頼できる政府と国民が監視できる土壌や仕組みが確立すれば、カードや保険証に限らず効率的な個人情報管理システムの導入は十分に検討する余地があると考えています。

Q68 参政党は再生可能エネルギーの活用など、日本のエネルギー政策についてどのように考えていますか？

A 国家の命綱であるエネルギーは、再生可能エネルギー（再エネ）など、ある特定のエネルギー供給源のみに依存せず、多様なエネルギー源を保持しておくことが重要です。政府が積極的に推進している再エネ重視の政策は、安全保障リスクや

富の流出の元凶となっているため、即座に見直しが必要です。

安全性、経済性、安定性の最大化と、環境汚染や自然破壊など環境負荷の最小化を目標に、再エネなど特定のエネルギー源のみに依存するのではなく、石炭、石油、天然ガス、原子力、水力、地熱などを含め、時代や地政学的な状況変化に即座に対応できる多様なエネルギーシステムを保持して、エネルギー構成を機動的に変化させてゆくというのが、今後の不確実性が高い時代への対応策だと考えています。

また、地球温暖化の進行や、その原因をCO_2（二酸化炭素）に結び付ける世界的な論調やカーボンニュートラル（二酸化炭素などの排出量を実質0にする）などの対策に関しては安易に同調せず、地球の歴史をたどり地質学的時間スケールでエネルギー問題を考える必要があります。歴史的な観点で見ると、これまでの地球の気温変化はCO_2だけではなく様々な要因で発生しました。太古は今とは桁違いの濃度のCO_2が空気中に存在していました。地球の歴史をたどれば、温暖化が地球全体にとって本当に死活的な問題であるかどうかについて検討の余地があることがわかります。

世界各国が一斉に脱炭素のスタンスに立って、あらゆる政策や活動の制約を実施してゆく昨今の流れは、まさに国連やＷＥＦ（世界経済フォーラム）などが主導するグローバルエリートのための世界計画と捉えざるを得ません。ホラーストーリーを元に危機や恐怖を煽り、人々に意図的に行動変容を促す手法は、コロナ禍におけるワクチン接種の「当たり前化」構図によく似ています。

これらを踏まえると、発電安定性の低い再エネ設備に日本のエネルギー供給の大部分を委ねようとする現在の政府の政策は、安全保障リスクの観点で大きな問題があります。百歩譲ってＣＯ$_2$削減の義務を果たすという大義名分の元に世界的な約束事としてＣＯ$_2$削減に取り組んだとしても、日本が自国に再エネを導入して得られる効果は地球全体で見ればほんのわずかであり、ＣＯ$_2$大量排出国である中国などに投資や技術支援を行なってグローバル単位でＣＯ$_2$を削減した方がよほど世界に貢献できます。

さらに、太陽光発電や風力発電の推進政策は、中国資本の上海電力など外資侵入の温床となっているだけではなく、政府や企業が９割以上を海外製に依存している太陽光パネルや風力発電設備を大量購入する結果、国富が次々と海外へ流出する事態を生み出しています。また、各地でメガソーラーによる環境破壊、災害発生、景観の悪化、パネルから流出する有害物質による汚染など、私たちの身近な生活を破壊する負の側面が多く顕在化しています。

メガソーラー推進などの再エネ政策は早急に中止するべきであり、各地方議会でも参政党所属議員が粘り強く課題を提起しています。

Q69 参政党は原発の活用については、どのように考えているのですか？

A 現状の原発は安全管理のレベルを高めつつ、使えるものは使いながら段階的に廃炉を目指すべきです。また、安全性が担保できる新型の原発については世界に後れをとらないように研究開発を進めて、実用可能なレベルのものが完成すれば、使用を検討していくべきと考えています。

欧州各国が原子力発電所への依存度を低くして無理矢理再生可能エネルギー中心に移行しようとした結果、ロシア産の天然ガス依存率が高まり、プーチンがウクライナ侵攻を決断する要因になりました。このような背景もあり、現在の欧州では原発への回帰が潮流になっています。

しかし、日本では東日本大震災時の福島原発事故が示すように、地震や津波など地理的条件が特異であるため、現状のまま原発政策を安易に進めることは難しいと考えられています。一方で、原発稼働率が高い九州地方の電気料金が相対的に安く抑えられているように、原発の経済性や電力安定性などのメリットを享受するのは、今日明日の私たちが生活を営むためにも「背に腹は替えられない」という側面もあります。

我々が今するべきは、福島原発事故の公正な総括と再発防止のための分析です。事故原因は政府主催の委員会の報告で一旦結論づけられているものの、有識者の間でも報告の内容が妥当だったか議論の余地があるという意見が上がっており、政治的に結論が歪曲された疑いは拭えません。事故の原因の真相を明確にした上で対策を図るという技術的側面のみに立脚して、既存の原発の安全性をどれだけ高められるか、という内容の検証が必要です。

さらに現在では欧州も米国も、万が一原発事故が発生しても冷却装置が作動して事故の拡大を防げる小型モジュール式原子炉（ＳＭＲ）*1の実用化へと動いています。小型モジュール式原子炉は構造上、大規模な原発事故が発生しようのない仕組みだとされています。実現すれば、原発事故が起こる確率は宇宙からの隕石で人間が死ぬ確率にまで低下して、「核のゴミ」の処理問題も大きく軽減されると主張する専門家もいます。

また、トリウム熔融塩炉*2という安全性や効率性の高い原子力発電の仕組みや、核融合発電など新たな発電手法も注目されています。

このような新たな技術については、産業振興や原子力技術向上による国力強化の観点からも積極的に国が支援する必要があると考えています。

いずれにしても、日本国内での既存原発活用は、前項で記した多様性を持つエネルギーシステムが日本で実現するまでの過渡的な措置として、原発技術に関する徹底した情報公開と、震度6以上の地震に耐えられる技術の開発を前提に、国民の納得を得て進めていくべきだと考えています。

＊1　小型モジュール式原子炉（ＳＭＲ）：小型のため冷却特性に優れ、モジュール化により工期やコスト低減が期待されている原発方式

＊2　トリウム熔融塩炉：トリウムを原料とした液体型核燃料による原子力発電方式。常圧で運用可能であるなど安全性が期待される原発方式

Q70 参政党は電気自動車（ＥＶ）の推進についてどのように考えているのですか？

A ＥＶはガソリン車に比べて特にバッテリー製造時に多くのエネルギーを使い、数万キロの走行ではガソリン車の方がCO_2排出量は少ないという計算結果もあります。現状ではＥＶ（特にＢＥＶ）に切り替えることが、必ず環境負荷低減に貢献するというわけではありません。

再生エネルギー推進の議論と同じように、本当にカーボンニュートラルを達成したいのであれば、ガソリン自動車をＥＶ（電気自動車）に切り替えるのは必ずしも適切な手段とは言えません。しかし、漠然としたイメージやプロパガンダによってCO_2削減のためには、ＥＶに切り替えるべきという論調が全世界で巻き起こされてきたことに違和感があります。

ＥＶの代表的な稼働方式は、ＨＥＶ（エンジンと車で発電した電気によるモーターの駆動力の両方を使用する方式)、PHEV(HEVに車外から充電ができるようにした方式)、BEV(エンジンは無くバッテリーとモーターのみ搭載の方式でEVと同義で使われることが多い)などがありますが、BEVはガソリンが不要な反面、動力を全てバッテリーに依存するため充電環境と充電時間が必要となり、雪国などの低温環境にも弱いため、現時点では多くの消費者に受け入れられておらず、世界的には使い勝手と燃費特性が良いHEVやPHEVの人気が高まっています。

また、バッテリーを中心にEV製造で必要となるリチウムなどの希少鉱物は、中国など国外からの輸入に頼らざるを得ず、日本でEV製造を行なう場合、原料などの根幹部分を他国に依存するリスクもあります。

このように脱炭素の大義の元、国民の税金から補助金などを支出した上、純粋な消費者の需要を無視して半ば強引にEV、特に完全な電気駆動式であるBEVに切り替えさせる行為は、国民の利益に背く政策です。

さらに日本の経済は、エンジン製造を含むおよそ550万人を雇用する自動車産業が支えており、さらに日本の自動車メーカーはHEVやPHEV製造を得意としているため、極度なＢＥＶへの偏向は日本の国力低下に直結する重要な問題です。よって、これまで日本が他の国が真似できないレベルまで引き上げてきた自動車製造の技術やノウハウ、供給網を簡単に手放すのではなく、冷静に世界の潮流を見極めながら対峙していくことが必要だと考えています。

Q71 日本は人口減少により消滅してしまうと著名な方がXで発言していましたが、本当に日本は消滅してしまうのですか？

A ここ数十年の日本政府の少子化対策は全く効果を上げていません。諸外国の成功事例なども参考に抜本的な政策変更と予算の付け替えを行ない、人口減少の程度を緩やかにして、外国人移民に依存しない国づくりを計画するべきと考えています。

少子化及び人口減少問題は日本の最重要課題です、現在（2024年時点）のままだと総人口は年間100万人のペースで減り続けて、わずか76年後の2100年には、現在の約半分の6300万人になると試算されています。

日本が最優先に取り組むべきは、人口減少問題です。先ごろ政府による〝こども未来戦略〟の〝加速化プラン〟が発表されました。今まで成果が上がっていない既存の政策を寄せ集めて、多少多めの予算を配分しただけという印象です。23年の出生数は75・9万人で過去最低を記録して、さらに減少を続けている状況にもかかわらず、政府は〝ゆっくり、段階的に〟というスタンスで臨んでいるように見えます。政府の姿勢からは、「少子化・人口減少を本気で解決する」という気合いが全く感じられません。ハンガリーは実にＧＤＰの約５％を少子化対策に注ぎ込み、人口を減少傾向から増加傾向へと反転させましたが、日本政府は、わずか０・４％しか少子化対策に予算をかけていません。

少子化の流れを反転させるには６年後の２０３０年までがラストチャンスと認識されている中、政府の対応は日本人が減少することを許容しているようにも見受けられ、日本人が減少した分は外国人を受け入れて維持する。まるで多民族国家を目指しているようにも感じられます。

参政党は、放っておけば76年後には６３００万人になってしまう日本の人口をなんとか８０００万人程度に維持して、労働人口など今よりも不足する面については安易に移民に頼らずに、ＩＴ技術やロボット技術などの技術革新によって補い、成長できる国づくりを目指しています。

そのためには、まずは新生児を生み出す若い世代の可処分所得を増やすことが先決となります。若い世代に対して賃上げと減税を行ない、子育て支援を急がねばなりません。賃上げには政府も取り組んでいますが、減税の動きはありません。財源確保のために参政党が考えているのは40兆円を超える医療費（特に薬価代の削減）、男女共同参画関連事業、脱炭素政策に関する予算削減です。それを達成すれば、減税と子育て支援に予算を回せます。

晩婚化の流れも食い止める必要があります。そのためには思春期の若者が異性に対する興味を削《そ》ぐようなＬＧＢＴＱに関する過度な教育はやめるべきです。また、不妊問題の改善を兼ねて、日本の食の在り方を見直す教育を進めてゆきたいと考えています。

あとがき

私が日本の言論空間や教育に問題があると気が付いたのは、海外で生活をしていた2000年ごろのことでした。市議会議員となり政治の世界に足を踏み入れたのが2007年。このままでは日本がダメになるとの危機感から一念発起して新たな政党をつくろうと龍馬プロジェクトという運動を立ち上げたのが2010年。2014年ごろには、一度挫折を経験しました。それでも、2019年、自分の子供が誕生したことを契機に「もう一度だけ」と奮起し、2020年に参政党を結党し、2022年には、国政政党となりました。参政党がここまで来るにはこんな紆余曲折があったのです。

私のような、世襲でもない、知名度もない、お金も支持母体もない一国民がゼロから国政政党と全国組織を作った例は、戦後の日本にはないように思います。それは、そんなことが起こるくらい、日本の政治が混乱し、国民が危機感を持ち始めているという現われだと私は考えています。

しかし、まだ多くの国民が現在の危機に気が付いていないと感じています。参政党が一所懸命に訴えても、意図的に私たちの努力を打ち消そうとする勢力が存在します。彼らは様々な方法で、我々の活動を瓦解させようと仕掛けてきます。一度は参政党の運動に賛同した人々も、自分の利益を感じられなくなると、簡単に心変わりをして、私たちを裏切ることがあります。政治は本質的に権力の闘争であり、戦いです。これは予想していたことであり、仕方がないことだとは思いますが、日々辛い思いを抱えて活動をしています。

いったい何のためにこの党を設立し、何のために共に活動しているのかを忘れないで欲しい。その思いを込めて、「参政党ドリル」として前作の改訂版をまとめました。

参政党は、日本の国益を守り、世界に大調和を生むために作った国民のためのプラットフォームです。日本の国益とは、国民が安心して健康に暮らせる社会を、子や孫の世代に残すことを意味します。大調和とは、強く独立した国家を再構築し、他国やグローバルエリートにコントロールされない勢力均衡を保ち、彼らとも家族のように共存共栄していける状態を実現することです。私は参政党の代表として、この理念を追求するため、国会の質問、選挙の実施、そして日々の党運営に努めています。

しかし、多くの人々が目の前の情報や感情に流され、この理念を忘れがちです。このような状況では国や社会を変えることはできません。そのため、我々はまず仲間を集め、学び、情報や理念・哲学を共有するところから活動を始めています。強固な組織やチームを築かなければ、国民運動を起こすことはできません。ワン・イシューで人を集めても、そのような烏合の衆は圧力に直面すればすぐに瓦解するからです。

街頭でも日々訴えていますが、歴史や国際情勢の情報を共有し、共通の世界観を持つことが必要です。我が国は現在、国難の最中にあります。戦国期に跳ね返した外圧は、再び幕末に日本にやってきて、国を半分開かねばなりませんでした。その後、有色人種をまとめて対等な世界を作ろうと試みましたが、我が国は敗れて完全占領されました。国体や制度を変えられてしまい、教育とメディアで精神構造まで変えられてしまい、思考を奪われ管理されることに慣れてしまったのです。

80年前とは違う手法で、グローバルエリートによって世界に新たな管理社会が形成されつつあると感じています。このような世界観の中で参政党は活動しています。

本書を通して、参政党が、教育を一番に掲げる意味を理解してもらいたいと思います。国際機関や政府が強引に進めようとするコロナやパンデミックの政策に異を唱えることの意義を理解してもらいたいと切に願っています。

少しでも多くの方に、参政党の活動を通して、歴史や国際情勢の概略を捉えて、世界観を共有してもらい、日本という共同体を守り、一人でも多くの日本人が今の国難の時代を生き抜けるように尽力したいと思います。

参政党は、同志を求めています。本書の内容に賛同いただける方は何らかの形で参政党の国民運動に加わり、共に国益を守ってください。

神谷宗幣

（巻末資料）

米國及英國ニ對スル宣戰ノ詔書

【原文】

天佑ヲ保有シ萬世一系ノ皇祚ヲ踐メル大日本帝國天皇ハ昭ニ忠誠勇武ナル汝有衆ニ示ス

朕茲ニ米國及英國ニ對シテ戰ヲ宣ス朕カ陸海將兵ハ全力ヲ奮テ交戰ニ從事シ朕カ百僚有司ハ勵精職務ヲ奉行シ朕カ衆庶ハ各〻其ノ本分ヲ盡シ億兆一心國家ノ總力ヲ擧ケテ征戰ノ目的ヲ達成スルニ遺算ナカラムコトヲ期セヨ

抑〻東亞ノ安定ヲ確保シ以テ世界ノ平和ニ寄與スルハ丕顯ナル皇祖考丕承ナル皇考ノ作述セル遠猷ニシテ朕カ拳〻措カサル所而シテ列國トノ交誼ヲ篤クシ萬邦共榮ノ樂ヲ偕ニスルハ之亦帝國カ常ニ國交ノ要義ト爲ス所ナリ今ヤ不幸ニシテ米英兩國ト釁端ヲ開クニ至ル洵ニ已ムヲ得サルモノアリ豈朕カ志ナラムヤ中華民國政府曩ニ帝國ノ眞意ヲ解セス濫ニ事ヲ構ヘテ東亞ノ平和ヲ攪亂シ遂ニ帝國ヲシテ干戈ヲ執ルニ至ラシメ茲ニ四年有餘ヲ經タリ幸ニ國民政府更新スルアリ帝國ハ之ト善隣ノ誼ヲ結ヒ相提攜スルニ至レルモ重慶ニ殘存スル政權ハ米英ノ庇蔭ヲ恃ミテ兄弟尙未タ牆ニ相鬩クヲ悛メス米英兩國ハ殘存政權ヲ支援シテ東亞

ノ禍亂ヲ助長シ平和ノ美名ニ匿レテ東洋制覇ノ非望ヲ逞ウセムトス剩ヘ與國ヲ誘ヒ帝國ノ周邊ニ於テ武備ヲ增强シテ我ニ挑戰シ更ニ帝國ノ平和的通商ニ有ラユル妨害ヲ與ヘ遂ニ經濟斷交ヲ敢テシ帝國ノ生存ニ重大ナル脅威ヲ加フ朕ハ政府ヲシテ事態ヲ平和ノ裡ニ囘復セシメムトシ隱忍久シキニ彌リタルモ彼ハ毫モ交讓ノ精神ナク徒ニ時局ノ解決ヲ遷延セシメテ此ノ間却ツテ益〻經濟上軍事上ノ脅威ヲ增大シ以テ我ヲ屈從セシメムトス斯ノ如クニシテ推移セムカ東亞安定ニ關スル帝國積年ノ努力ハ悉ク水泡ニ歸シ帝國ノ存立亦正ニ危殆ニ瀕セリ事既ニ此ニ至ル帝國ハ今ヤ自存自衞ノ爲蹶然起ツテ一切ノ障礙ヲ破碎スルノ外ナキナリ

皇祖皇宗ノ神靈上ニ在リ朕ハ汝有衆ノ忠誠勇武ニ信倚シ祖宗ノ遺業ヲ恢弘シ速ニ禍根ヲ芟除シテ東亞永遠ノ平和ヲ確立シ以テ帝國ノ光榮ヲ保全セムコトヲ期ス

御名御璽

昭和十六年十二月八日

【口語訳】

神々のご加護を保有し、万世一系の皇位を継ぐ大日本帝国天皇は、忠実で勇敢な汝ら臣民に示す。

朕はここに、米国及び英国に対して宣戦を布告する。

朕の陸海軍将兵は、全力を奮って交戦に従事し、朕のすべての政府関係者はつとめに励んで職務に身をささげ、朕の国民はおのおのその本分をつくし、一億の心をひとつにして国家の総力を挙げ、この戦争の目的を達成するために手ちがいのないようにせよ。

そもそも、東アジアの安定を確保して、世界の平和に寄与する事は、大いなる明治天皇と、その偉大さを受け継がれた大正天皇が構想されたことで、私が常に心がけている事である。

そして、各国との交流を篤くし、万国の共栄の喜びをともにすることは、帝国の外交の要としているところである。

今や、不幸にして、米英両国と争いを開始するにいたった。

まことにやむをえない事態となった。このような事態は、私の本意ではない。
残念なことに（内乱状態にある）中国は、以前より我が帝国の真意を理解せず、みだりに闘争を起こし、東アジアの平和を乱し、ついに帝国に武器をとらせる事態にいたらしめ、もう四年以上経過している。

さいわいに国民政府は南京政府に新たに変わった。帝国はこの政府と、善隣の誼（よしみ）を結び、ともに提携するようになったが、重慶に残存する蒋介石一味は、米英の庇護を当てにし、兄弟である南京政府と、いまだに相互のせめぎあう姿勢を改めない。

米英両国は、残存する蒋介石政権を支援し、東アジアの混乱を助長し、平和の美名にかくれて、東洋を征服する非道な野望をたくましくしている。

それだけでなく、くみする国々を誘い、帝国の周辺において、軍備を増強し、わが国に挑戦し、更に帝国の平和的通商にあらゆる妨害を与へ、ついには意図的に経済断行をして、帝国の生存に重大なる脅威を加えている。

朕は政府に事態を平和の裡（うち）に解決させようとし、長い間、忍耐してきたが、米英は、少しも互いに譲り合う精神がなく、むやみに事態の解決を遅らせようとし、その間にもますます、経済上・軍事上の脅威を増大し続け、それによって我が国を屈服させようとしている（ＡＢＣＤ包囲網）。

このような事態がこのまま続けば、東アジアの安定に関して我が帝国がはらってきた積年の努力は、ことごとく水の泡となり、帝国の存立も、まさに危機に瀕することになる。ことここに至っては、我が帝国は今や、自存と自衛の為に、決然と立上がり、一切の障害を破砕する以外にない。

皇祖皇宗の神霊をいただき、私は、汝ら国民の忠誠と武勇を信頼し、祖先の遺業を押し広め、すみやかに禍根をとり除き、東アジアに永遠の平和を確立し、それによって帝国の光栄の保全を期すものである。

御名御璽

昭和16年12月8日

東亞戰爭終結ニ関スル詔書

【原文】

朕深ク世界ノ大勢ト帝国ノ現状トニ鑑ミ非常ノ措置ヲ以テ時局ヲ収拾セムト欲シ茲ニ忠良ナル爾臣民ニ告ク

朕ハ帝国政府ヲシテ米英支蘇四国ニ対シ其ノ共同宣言ヲ受諾スル旨通告セシメタリ

抑々帝国臣民ノ康寧ヲ図リ万邦共栄ノ楽ヲ偕ニスルハ皇祖皇宗ノ遺範ニシテ朕ノ拳々措カサル所曩ニ米英二国ニ宣戦セル所以モ亦実ニ帝国ノ自存ト東亜ノ安定トヲ庶幾スルニ出テ他国ノ主権ヲ排シ領土ヲ侵スカ如キハ固ヨリ朕カ志ニアラス然ルニ交戦已ニ四歳ヲ閲シ朕カ陸海将兵ノ勇戦朕カ百僚有司ノ励精朕カ一億衆庶ノ奉公各々最善ヲ尽セルニ拘ラス戦局必スシモ好転セス世界ノ大勢亦我ニ利アラス加之敵ハ新ニ残虐ナル爆弾ヲ使用シテ頻ニ無辜ヲ殺傷シ惨害ノ及フ所真ニ測ルヘカラサルニ至ル而モ尚交戦ヲ継続セムカ終ニ我カ民族ノ滅亡ヲ招来スルノミナラス延テ人類ノ文明ヲモ破却スヘシ斯ノ如クムハ朕何ヲ以テカ億兆ノ赤子ヲ保シ皇祖皇宗ノ神霊ニ謝セムヤ是レ朕カ帝国政府ヲシテ共同宣言ニ応セシムルニ至レル所以ナリ

朕ハ帝国ト共ニ終始東亜ノ解放ニ協力セル諸盟邦ニ対シ遺憾ノ意ヲ表セサルヲ得ス帝国臣民ニシテ戦陣ニ死シ職域ニ殉シ非命ニ斃レタル者及其ノ遺族ニ想ヲ致セハ五内為ニ裂ク且戦傷ヲ負イ災禍ヲ蒙リ家業ヲ失ヒタル者ノ厚生ニ至リテハ朕ノ深ク軫念スル所ナリ惟フニ今後帝国ノ受クヘキ苦難ハ固ヨリ尋常ニアラス

爾臣民ノ衷情モ朕善ク之ヲ知ル然レトモ朕ハ時運ノ趨ク所堪ヘ難キヲ堪ヘ忍ヒ難キヲ忍ヒ以テ万世ノ為ニ太平ヲ開カムト欲ス

朕ハ茲ニ国体ヲ護持シ得テ忠良ナル爾臣民ノ赤誠ニ信倚シ常ニ爾臣民ト共ニ在リ若シ夫レ情ノ激スル所濫ニ事端ヲ滋クシ或ハ同胞排擠互ニ時局ヲ乱リ為ニ大道ヲ誤リ信義ヲ世界ニ失フカ如キハ朕最モ之ヲ戒ム宜シク挙国一家子孫相伝ヘ確ク神州ノ不滅ヲ信シ任重クシテ道遠キヲ念ヒ総力ヲ将来ノ建設ニ傾ケ道義ヲ篤クシ志操ヲ鞏クシ誓テ国体ノ精華ヲ発揚シ世界ノ進運ニ後レサラムコトヲ期スヘシ爾臣民其レ克ク朕カ意ヲ体セヨ

御名御璽

昭和二十年八月十四日

【口語訳】

朕は、深く世界の大勢と、帝国の現状をかえりみて、非常措置をもって事態を収拾しようと考え、ここに忠実にして善良なる汝ら臣民に告げる。

朕は、帝国政府に、米英中ソの四国に対し、そのポツダム宣言を受諾する旨、通告させた。

そもそも、帝国臣民の安寧をはかり、万国が共存共栄して楽しみをともにすることは、天照大御神からはじまる歴代天皇・皇室が遺訓として代々伝えてきたもので、朕はそれをつねづね心がけてきた。

先に米英の二国に宣戦した理由も、実に帝国の独立自存と東アジア全域の安定とを希求したものであって、海外に出て他国の主権を奪い、領土を侵略するがごときは、もとより朕の志すところではない。

しかるに、交戦状態はすでに4年を過ぎ、朕の陸海軍の将兵の勇敢なる戦い、朕のすべての官僚役人の精勤と励行、朕の一億国民大衆の自己を犠牲にした活動、それぞれが最善をつくしたのにもかかわらず、戦局はかならずしも好転せず、世界の大勢もまたわが国にとって有利とはいえない。

それぱかりか、敵国は新たに残虐なる原子爆弾を使用し、いくども罪なき民を殺傷し、その惨害の及ぶ範囲は、まことにはかりしれない。

この上、なお交戦を続けるであろうか。

ついには、わが日本民族の滅亡をも招きかねず、さらには人類文明そのものを破滅させるにちがいない。

そのようになったならば、朕は何をもって億兆の国民と子孫を保てばよいか、皇祖神・歴代天皇・皇室の神霊にあやまればよいか。

以上が、朕が帝国政府に命じ、ポツダム宣言を受諾させるに至った理由である。

朕は、帝国とともに終始一貫して東アジアの解放に協力してくれた、諸々の同盟国に対し、遺憾の意を表明せざるをえない。

帝国の臣民の中で、戦陣で戦死した者、職場で殉職した者、悲惨な死に倒れた者、およびその遺族に思いを致すとき、朕の五臓六腑は、それがために引き裂かれんばかりである。

かつ、戦傷を負い、戦争の災禍をこうむり、家も土地も職場も失った者たちの健康と生活の保証にいたっては、朕の心より深く憂うるところである。

思うに、今後、帝国の受けるべき苦難は、もとより尋常なものではない。

汝ら臣民の真情も、朕はよく知っている。

しかし、ここは時勢のおもむくところに従い、耐えがたきを耐え、忍びがたきを忍び、それをもって万国の未来、子々孫々のために、太平の世への一歩を踏み出したいと思う。

朕はここに、国家国体を護り維持しえて、忠実にして善良なる汝ら臣民の真実とまごころを信頼し、常に汝ら臣民とともにある。

もし、事態にさからって激情のおもむくまま事件を頻発させ、あるいは同胞同志で排斥しあい、互いに情勢を悪化させ、そのために天下の大道を踏みあやまり、世界の信義を失うがごとき事態は、朕のもっとも戒めるところである。

そのことを、国をあげて、各家庭でも子孫に語り伝え、神国日本の不滅を信じ、任務は重く道は遠いということを思い、持てる力のすべてを未来への建設に傾け、道義を重んじて、志操を堅固に保ち、誓って国体の精髄と美質を発揮し、世界の進む道におくれを取らぬよう心がけよ。

汝ら臣民、以上のことを朕が意志として体せよ。

御名御璽

昭和20年8月14日

参政党BOOK

政治活動に全身全霊をかけて取り組みました。市議会議員の活動の枠を超えて、大阪府知事と共に教育政策を考える会を設立したり、200名の地方議員を集めて全国規模の政治団体を組織し、国政政党にすることを構想したりしました。しかし、政治の世界の利権やしがらみ、選挙の壁に直面し、自分の無力さを痛感し、8年ほどで挫折してしまいました。

やり残したことがある

政治家を辞めた後は、YouTubeで「CGS」というチャンネルを作って動画を配信したり、セミナーを開催したりするなどして、活動を続けてきました。私は、日本の歴史、教育、政治、経済、国防は全て繋がっていること、歴史や国際情勢を踏まえながら政治や社会の未来を考えなければ、日本が衰退してしまうというメッセージを伝えることを仕事にしたのです。そしてそこで得た収入で子供たちの教育の場を作り、次世代のリーダー育成をしようと考えたのです。

しかし、自分の子供が生まれ、その子が大人になる頃の社会を考えると、現在の日本の状況が将来彼らにとてつもないツケを回すことになることに私は気が付いていました。自分たちの世代の責任をこのまま子供たちに押し付けて良いのか、自分ができることは全てやったか、と自分に問うた時に、まだやり残したことがあると感じたのです。

ゼロから作る国民運動

かつて政治家や経営者を集めてできなかった政党づくりを、国民運動としてやってみよう。自分たちでお金を出し、信頼できる仲間を応援し政治家をやってもらう。みんなでゼロから作る政党。それが参政党のコンセプトです。支持団体や背後の組織は一切存在しません。

こうした私の経験と思いを原点に作られたのが参政党です。奇跡的に国政政党になった参政党というチームを上手に使って、あるべき日本を取り戻していきましょう。

参政党をつくった神谷宗幣の想い

参政党を作った目的

数百年に及ぶ帝国主義やグローバル化の流れの中で、1945年我が国は戦争に敗れ、様々なものを破壊され、国の形を変えられてしまいました。経済が良かったときは、そんなことも考えずに個人個人で目先の利益を追いかけていましたが、今となっては国が衰退し、自由さえも制限されつつあり、多くの国民が何かがおかしいと感じながらも、どうしていいかわからず不安に苛まされています。

参政党は、そんな思いを共有する国民が集まって、歴史や政治を学ぶことから始めて、現状を分析して解決方法を考え、仲間の中から議会に政治家を送り出すために2020年に作った政党です。大きな目的は、国益を守り子供や孫の世代にいい日本を残すことです。

日本の将来を考えたきっかけ

私は20歳で世界18カ国を回りました。そのとき同世代の海外の若者たちから日本のことや政治・歴史のことをよく聞かれましたが、何も答えられなかった自分がいました。

「君は日本人として日本をどうしていきたいのか」と問われ、頭の中が真っ白になってしまったこともあります。それまで日本という国の将来を考えたことなどなかったからです。

これが私が政治や日本のことを考え始めたきっかけです。

政治への挑戦と挫折

日本に帰国した後、ほとんどの日本人が同じ状況に陥っていることが日本の問題だと周囲に訴えました。しかし、多くの人から「海外で変な宗教にでも入信したのか」と言われ、私は悩みました。半年間考え、政治家になってこのことを訴えようと決意しました。大学卒業後、実家の倒産など辛い経験が重なり、鬱《うつ》病のような状態になり、一時は政治家になることを諦めていましたが、多くの人に助けてもらい、29歳で大阪府吹田市の市議会議員になりました。

議員になれたのは、支援してくれた全ての人々のおかげだと感じ、

参政党ヒストリー

結党２年で国政政党が完成した奇跡

2020.4.11	**設立　党員約3000名、地方議員３名、党スタッフ５名でのスタート**
2020.6.27	結党大会 開催
2020.11.8	第１回党大会 開催
2021.9.25-26	全国全13支部の役員で国政選挙挑戦を決めた「熱海合宿」開催
2021.12.22	７月の参議院選挙での候補者擁立を発表
2022.1.29	全国遊説キャラバンスタート
2022.3.27	第２回党大会 開催
2022.5.8	政治資金パーティー「イシキカイカクサミット2022」開催
2022.7.10	**参議院選挙で１議席を獲得、かつ得票率２％以上の政党要件を満たして国政政党となる**
2022.8.23	政治資金パーティー「予祝」開催
2022.9.29	ドキュメンタリー映画「おはよう～参政党の歩み～」上映スタート、その後全国各地で上映
2022.10.9～	「コロナモードチェンジキャラバン」スタート、全国各地で開催
2023.3.4	第３回党大会 および 政治資金パーティー「春のBAN政り」開催
2023.4.23	**統一地方選挙で計100名の地方議員を輩出**
2023.9.9	政治資金パーティー「参政党フェス」開催

●全国支部数／274支部　●所属議員数／142名
●党スタッフ／約40名　●党員・サポーター／約75,000名
（2023年12月現在）

理　念

日本の国益を守り、世界に大調和を生む

綱　領

一、先人の叡智を活かし、天皇を中心に一つにまとまる平和な国をつくる。
一、日本国の自立と繁栄を追求し、人類の発展に寄与する。
一、日本の精神と伝統を活かし、調和社会のモデルをつくる。

参政党所属議員理念

1．私たちは、常に向上心を持って学び、国家国民のための仕事をする
2．私たちは、いかなる利害にも左右されず、人として正しいことを貫く
3．私たちは、大衆迎合せず、国民に正しい情報を提供し世論を喚起する
4．私たちは、正しい知識とそれに基づく行動を議会で示す
5．私たちは、参政党議員であることに誇りをもって、信頼される活動を続ける

参政党の特徴

特徴1

一緒に学び合う党

●毎日学びの配信があります。

政治、歴史、教育、経済、国際関係、資産形成、健康情報など日常生活や政治判断に役立つ情報を「音声データか動画」で毎日配信します。少しずつ学んでください。

●党費を集め、その資金で政治活動や社会活動をします。

政治活動や選挙以外にも、講演会などのイベントの開催や生活の基盤となる第一次産業に取り組むようなサークル活動をやっています。

●独自スクールを運営して、人材を育成します。

「DIY スクール」で人間力の高い人材を育成し、地域のまとめ役を担える議員やリーダーの輩出を目指します。

投票したい政党がないから、自分たちでゼロからつくる。

この先安心して暮らしていけるのだろうか。子供たちの将来は大丈夫だろうか。そうした不安や不満を「誰かが解決してくれる」という時代はもう終わりました。他人任せのままでは良くならない日本の状況を国民の力を集めて変えていきませんか？

先人たちが守ってきたこの国を、次の世代へ引き継ぐために。

参政党とは「仲間内の利益を優先する既存の政党政治では、私たちの祖先が守ってきたかけがえのない日本がダメになってしまう」という危機感を持った有志が集まり、ゼロから作った政党です。特定の支援団体も、資金源もありません。同じ思いを持った普通の国民が集まり、知恵やお金を出し合い、自分たちで党運営を行なっています。

身近なコミュニティ活動から始める政治参加。

政党はまじめに税金を納めて働いている人々のために働くもの。ところが現実は、縁故者や世襲の人々で党員が占められていたり、議員の選挙要員にされているのが現状です。

参政党では党員活動に義務やノルマはありません。まずは同じ思いを持った国民が集まり、それぞれができることをやって、新しい流れをつくっていくことを目指しています。

●党員が作る組織が動かす党を目指します。

議員中心の党運営では、世襲化して職業議員のようになるので、事務局や支部の意向で議員に活動してもらえる体制を構築します。

●選挙は党員中心にやっていきます。

候補者個人に選挙を任せると、議員になっても次の選挙のための活動をします。参政党は選挙も党員が中心になってやり、議員には党の理念や政策の実現のために働いてもらいます。

メッセージ

活動も政策づくりも人材育成も、自分たちでDIY(Do It Yourself)していくのが参政党です。私たちの目の前にある日本の課題は、我々大人が人任せにして放置してきたものです。一部の議員だけに任せるのでなく、自分たちも当事者として、それぞれができることで課題に取り組んでいく。まずは主権者である国民のそうした”イシキカイカク”が必要だと我々は訴えています。

そして、一緒に活動する仲間から、我々の権利や自由を守ってくれるリーダーを送り出しましょう。

「誰かがやってくれる」という時代はもう終わったのです。既存の政治や政党に失望しているあなたこそ、参政党がつくる”政治”に”参加”してください。

特徴2

みんなで作っていく党

●支部単位で活動をつくります。

党全体の統一ルールはありますが、イベントや勉強会、選挙や候補者選び、政府への質問などは、地域の支部単位で党員が考え、活動を作っていきます。

●地域の問題は地域で考え実行、解決します。

地域の問題解決を中央政府に丸投げせずに、同じエリアに住む仲間と共に考えて、政策や質問などにして解決策を考えていきます。

●地域の声が国政に届く仕組みをつくります。

本格的に行政や政府の力が必要になった時、地方議員⇒国会議員と連携し、支部の総意を国政に繋ぐパイプの役割を担います。

特徴3

近代政党を目指す党

●理念・組織・議員の関係を明確にした近代政党をつくります。

党員組織の中から、議員を選出し、理念の実現に向けた活動を行なってもらいます。

間で作成され、第二次大戦前の日本の歴史がほとんど顧みられていません。

占領期間中には日本は悪い国であるという贖罪意識を刷り込むための大規模な情報工作もなされました。厳しい言論統制がなされ、日本の歴史や固有思想を調査した研究書が焚書にされ、連合国軍が事後法によって一方的に日本を断罪した東京裁判が行なわれたことも忘れてはなりません。

日本の歴史や思想を無視し、占領した国の思想に基づいた憲法では、**本当に独立した国と言えるでしょうか。**

グローバルな現代的課題に対処することができない ──他国依存の問題──

今の憲法は、日本の歴史を肯定的に評価せず、国の理想を日本人自ら考えるという過程を経ていません。このため、国に誇りを持てず、精神的にも不安を抱えた自己肯定感の低い若者が増加しています。また、今の憲法では自国の安全を確保するための国防を他国に依存しており、自分の国は自分で守るという覚悟が明確でなく、拉致被害や領海侵入も解決していません。さらには食糧や医薬品の輸入などの規制緩和や、技術や資本の国外流出が進むことにより、国民の安全や国益が危ぶまれています。

憲法を一から創ることで、国民が自ら歴史を学び、国の理念を考え始め、国民の意識が変わります。自分の国を自分で守る体制を創ることで、外国依存の仕組みが改められ、情報や経済も自立していきます。

憲法が国の理想を語らず、国防を他国に依存したままで、グローバルな現代的課題に対処できるでしょうか。

◆　◆　◆

このような問題を解決するには、解釈変更や部分改正だけでは間に合いません。**国民の意識を変え、自立した国にするには、国民が主体的に歴史を学び、国の理想を考え、自分たちで一から憲法を創ることが必要です。**

日本が自立した国になることで、他の国や民族の固有性を一層尊重することに繋がり、世界の大調和に貢献することができるのではないでしょうか。

参政党が創憲を目指す理由。

創憲とは、憲法を一から創ることをいいます。
改正や護憲でなく、一から創ったほうがよい理由には
以下の３つがあると考えます。

国民の自由な意思によって作成されていない
―制定過程の問題―

日本国憲法の制定過程には「法的な瑕疵（かし）」があると言われています。

昭和21年11月3日に日本国憲法が制定された当時、日本はアメリカ軍を含む連合国軍の占領下にあり、主権が停止されていました。憲法制定は連合国軍の命令で行なわれ、日本は連合国軍が作成した憲法草案を自由に修正することができませんでした。占領地の法律変更、特に憲法の改正は国際法にも違反する疑いがあります。

昭和27年4月28日に主権が回復された後も、憲法改正は困難で、両議院の3分の2以上の多数で発議、国民投票で過半数の賛成が必要です。**憲法が国民の自由な意思によって作成されていない点は大きな問題と言えるでしょう。**

日本の歴史や思想に基づいていない
―歴史・思想の問題―

憲法は国の大切なきまりで、その国の**歴史に基づいて創られるべき**です。

明治時代に大日本帝国憲法を作成する際には、日本書紀・古事記など日本の建国の歴史や、日本にある伝統的な法概念を調査することから始め、着手から10年以上の期間をかけて作成・審議され、民間でも多数の憲法草案が創られました。

しかし、日本国憲法は外国の憲法の例を参照してきわめて短期

1の柱　社会づくり

●住民参加による課題解決や公共的な施策への協働参画を推進し、行政や増税に頼らない自立した地域づくり
●多世代同居／近居・共生や地域の助け合い触れ合いの場づくりで、少子化を反転させ笑顔の高齢者を増やす
●第一次産業支援策と先端技術の活用で、収益力と活力ある農山漁村共同体を確立
●消防団の活性化、部活の地域移行などにより、地域の安心と活力に繋がるコミュニティづくり

2の柱　安心できる生活づくり～食と健康～

●薬やワクチンに依存しない治療・予防体制強化で国民の自己免疫力を高める
●対症医療から予防医療に転換し、医療費の削減と健康寿命の延伸を実現
●食料安全保障の観点から、食料自給率100%を目指し、種子や肥料の国内生産も推進
●転作補助金などの減反政策から、米の増産・輸出奨励に転換し、生産量を現行の倍以上に増産
●「コオロギ食」より、和食の良さを発信し、米食を推進
●遺伝子組み換えやゲノム編集等、消費者が求める情報を的確に表示するため、食品表示法等を改正
●環境に配慮した国内循環型の農業を推進
●有機農産物耕作比率を高めるため、学校給食への積極採用、消費者や農家を積極支援

3つの重点政策～新しい国づくりをめざして～

国民の意識改革

教育・人づくり	＝	食と健康・環境保全	＝	国のまもり
学力（テストの点数）より学習力（自ら考え自ら学ぶ力）の高い日本人の育成。		化学的な物質に依存しない食と医療の実現と、それを支える循環型の環境の追求。		日本の舵取りに外国勢力が関与できない体制づくり。

1の柱 人とのきずなと生きがいを安心して追求できる“**社会づくり**”

2の柱 国民に健康と食の価値、元気な超高齢社会で“**安心できる生活づくり**”

3の柱 豊かさ上昇曲線の“**経済づくり**”（令和の所得倍増戦略を実現する）

4の柱 自らの幸福を自ら生み出せる“**人づくり**”

5の柱 人類社会の課題解決へ世界を先導し続ける“**科学技術づくり**”

6の柱 自らの国は自ら守る“**国防力と危機管理力づくり**”

7の柱 日本らしいリーダーシップで“**世界に大調和を生む外交づくり**”

8の柱 国民自らが選択し参加する“**納得の政治・行政づくり**”

9の柱 地球と調和的に共存する循環型の“**環境・エネルギー体系と国土づくり**”

10の柱 自由と文化と日本の国柄を守り育てる“**国家アイデンティティーづくり**”

政策は、ある程度の知識と方法を理解した上で、立案のためのプロセスを経る必要があります。単なる「これをやってほしい」「これがやりたい」というのは陳情や提案に過ぎず、政策にはなり得ません。そのため、参政党の党員は「政策とは何か」「政策の構造」「何を政策の課題とするのか」「政策の作り方」「白書、計画の読み方」「提案テーマの決め方」等を系統立てて学びました。そして、党員自らの知恵と想いを結集し、日本の目指すべき姿として、参政党の政策をまとめるに至りました。

政策策定の工程では、運営党員向けアンケートや各支部単位で党員の意見集約を行ない、政策に反映してきました。最終的には、ブロックチェーンを使った党内投票システムで運営党員の承認を得ることにより、正式に参政党の政策として「国づくり10の柱」が決定しています。

新たな一歩を踏み出すためには「新しい価値分野を創造するためのチャレンジ」と「人を行動に駆り立てるストーリー（物語）」が必要です。我々は政策という形で、将来の不確実性を解消し、国民が納得し安心して演じられる自分の物語、日本のストーリーを描きました。個々の具体的な政策については、今後も党員自ら立案し、追加・更新していきます。政策一つ一つを共に作り実現させていくことが、まさに我々が期待する政治への参加です。

5の柱　科学技術づくり

- 基幹的な製品の国産化に向け、企業が得意分野を担い産業クラスターを形成しやすい環境を整備
- 「投資国債」で十分な科学技術予算の確保（基礎研究への投資）
- 「文理融合」を促進し、研究開発の在り方を横断的・俯瞰的に営まれる体制へと転換
- 高度科学技術人材と技術の国外流出を防止
- 科学技術の観点から重要技術開発戦略などを担う経済安全保障推進機関を設立
- 消費者ニーズや国際情勢に柔軟に対応するため、EV一辺倒ではない多様な技術の維持開発を推進

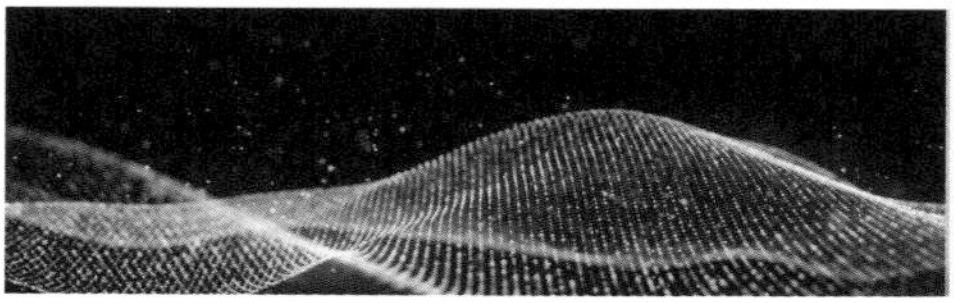

6の柱　国防力と危機管理力づくり～国のまもり～

- 強国の論理や過度なグローバリズムに対抗し、自由社会を守る国民国家を目指す
- 総合力（防衛・政治外交・経済・情報文化）で国を守り、安全保障の脅威に全領域（軍事・経済・情報など）で「専守防衛」
- 防衛は①日本の防衛力②日米同盟③国際連携を三本柱とし、自立的防衛を拡充することで対等な関係の日米同盟と国際連携を推進
- 外国資本による企業、土地、水資源などの買収から日本を守る
- 天災、人災、侵略から国民、国土を守り、自由社会を堅固にするための法律を整備

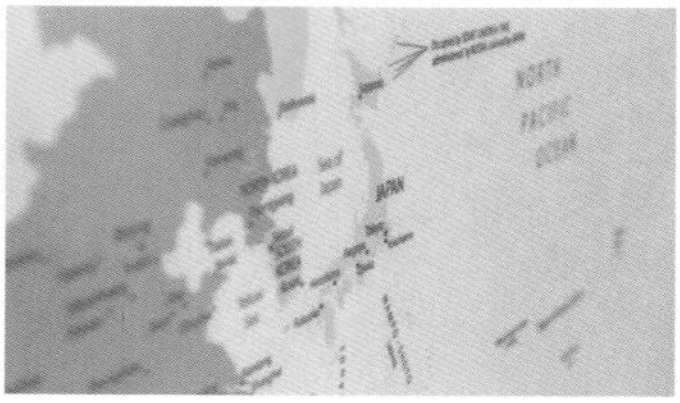

3の柱　経済づくり

●減税と積極財政で、市場に力強いお金の循環を呼び戻す
●財政法４条を改正し、現行の建設国債を科学技術、知財、人的資本などの無形資産も対象とした投資国債に
●経済の語源「経世済民」の原点に立ち返り、グローバリズムの利益至上主義から脱却し、日本国民を主体とする「国民経済」を目指す
●「国民から徴収して配る」補助金ではなく「国民から徴収しない」減税やトリガー条項凍結解除で直接国民負担を軽減
●今の杜撰な仕組みでのマイナンバーカードに反対
●消費税非課税の零細事業を守り、負担をこれ以上増やさぬようインボイス制導入を即時撤回
●「中小零細はニッチでコツコツ」が象徴する日本の強さを潰す安易な新自由主義改革に断固反対
●移民受け入れより、国民の就労と所得上昇を促進

4の柱　教育・人づくり

●教育予算は学校につけるのではなく、子供一人ひとりに学費として支給する仕組み（教育クーポン制）を導入
●フリースクール等すべての子供に最適で多様な教育環境を
●自虐史観を捨て日本に誇りを持ち、一人ひとりが我が国の未来を考えられる教育を
●学力（テストの点数）より学習力（自ら考え、自ら学ぶ力）の高い日本人の育成
●変化の激しい時代を生き抜くため、画一的な知識の習得ではなく、自ら考え学ぶ力の習得へ
●大人も生涯学び、自己実現や社会参加・貢献できるようにする教育・学習環境の充実
●指導者中心の管理教育から生徒中心の自律教育へ

9の柱　環境・エネルギー体系と国土づくり

- 「安定性」「安全性」「経済性」「環境調和性」を最大化できるエネルギー構成の実現
- 生涯コストが高価な再エネよりも、多様なエネルギー源活用による電気料金の低減とエネルギー安全保障の確保
- メガソーラー・風力発電推進による環境破壊と資本流出を阻止
- 中長期的なエネルギー資源と日本の主導権獲得のため、次世代原子力／核融合／火力・バイオマス・水素・地熱など、将来に向けての技術開発へ積極的に投資
- SDGsより日本に古来からある自然と調和的に共存する循環型の環境を追求
- 地下水や森林、里山、田園など「日本の資源と原風景」を守り抜く

10の柱　国柄をまもる（国家アイデンティティ）

- 男系（父系）による皇位継承を堅持
- 日本の国柄を未来へ継承していくため、国民自らが憲法を創る「創憲」
- LGBT推進の条例制定や教育現場への展開に反対。子供の安全な成育環境を守る
- お祭り、地域行事、文化風習、伝統工芸を守ることで地域を活性化させ、郷土愛や愛国心を醸成
- 正しい歴史認識と国際世論形成力を培うため、日本人自身が日本の歴史や神話等を学ぶことのできる仕組みを構築
- 多様な自由で責任ある言論・思想の場を守り抜き、健全で有為な民主主義を育てる

7の柱　世界に大調和を生む外交づくり

- 自由で開かれたインド太平洋を日本の地政学的戦略の中軸に据え、魅力ある繁栄と安全保障のプラットフォームへと育てる
- 東京裁判史観を一掃するための国際世論形成に努め、価値観を共有する諸国や機関と連携
- 戦勝国を中心とした国連などの国際機関への追従（LGBT, SDGs, 脱炭素等）からの脱却
- 第三国の戦争や紛争に対しては、片側への過度な支援ではなく、国際情勢を俯瞰し、早期の停戦のための外交を
- 人権弾圧や法の支配を破壊する国家へ毅然と対応するため、ジェノサイド条約を締結

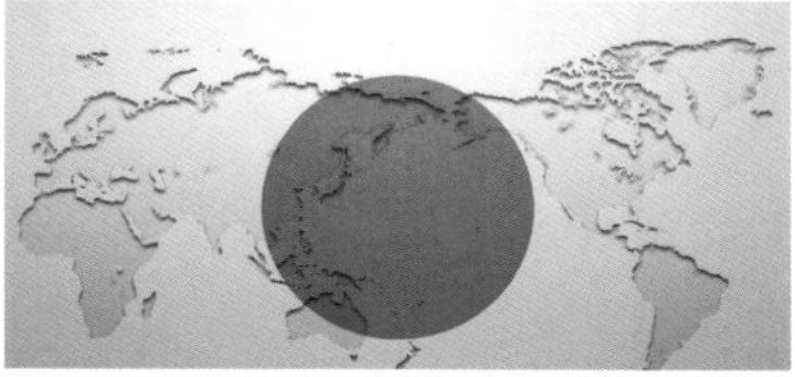

8の柱　納得の政治・行政づくり

- 自分の生活や利益のために政治家になる「職業政治家」の一掃
- 国会議員の定数削減と同時に議員の政策立案能力向上のため、議員秘書数を増やす
- 公職選挙法、政治資金規正法を時代に適合した形で改正し、国民が選挙に出やすくなるために供託金制度の見直し
- 政界に多様な人材が参入することで国民の意見がより政治に反映されるよう、小選挙区制を見直し
- 外国人の参政権よりも国民の投票率アップの施策を重視
- 政府の規制や立法、財政支出などを国民に開示し、中立的に評価する政策評価独立機関などの「政策評価システム」を構築

神谷 宗幣（かみや そうへい）
参議院議員・参政党党首

1977年福井県生まれ。関西大学卒業後、29歳で吹田市議会議員に当選。2010年「龍馬プロジェクト全国会」を発足。2013年ネットチャンネル「CGS」を開設し、政治や歴史、経済をテーマに番組を配信。2020年、「参政党」を結党し、世の中の仕組みやあり方を伝えながら、国民の政治参加を促している。2022年に参議院議員に当選。著書に『子供たちに伝えたい「本当の日本」』『情報戦の教科書』、共著に『日本のチェンジメーカー～龍馬プロジェクトの10年』『国民の眠りを覚ます「参政党」』『新しい政治の哲学』（小社）など多数

参政党ドリル
令和6年6月12日　初版発行
令和6年8月 8 日　第3刷発行

編　著　神谷宗幣
協　力　参政党政策チーム
安達悠司、池辺英治、石井匡、河井智啓
宝辺建太郎、成平誠二、和田武士
発行人　蟹江幹彦
発行所　株式会社　青林堂
〒150-0002　東京都渋谷区渋谷3-7-6
電話　03-5468-7769
装　幀　（有）アニー
印刷所　中央精版印刷株式会社

Printed in Japan

ISBN　978-4-7926-0764-7

子供たちに伝えたい「本当の日本」

神谷宗幣

私たちが知るべき歴史や経済、日本の原動力である和の精神を彼らにどう伝えるかをわかりやすく解説！　若者や子供たちに「日本」という誇りと夢を！

定価1400円（税抜）

日本のチェンジメーカー　～龍馬プロジェクトの10年～

神谷宗幣（編）

5人の地方議員から始まった龍馬プロジェクト。日本のチェンジメーカーたちが本書に綴った10年間変わることない気概と矜持！

定価1200円（税抜）

新しい政治の哲学　国民のための政党とは

藤井聡
神谷宗幣

元内閣官房参与の藤井聡と参議院議員の神谷宗幣が、日本の国柄をふまえた本来の政治を取り戻す！

定価1500円（税抜）

情報戦の教科書　日本を建て直すため『防諜講演資料』を読む

神谷宗幣

情報、経済、メディア工作、スパイの実態など、目に見えない戦いは今も昔も変わっていないことに驚きを隠せません！

定価1600円（税抜）